Tati Gracia

EMPATIA

humanização além do MARKETING

ubook UBK Publishing House

COORDENAÇÃO Alessandra Brito
EDIÇÃO Ana Paula Pinho
COPIDESQUE Luisa Peixoto
REVISÃO Nádia Maia e Brenda Yoshioka
COLABORAÇÃO Vanessa Tofano (conteúdo)
Dani Gurgel (identidade visual)
PROJETO GRÁFICO Bruno Santos
CAPA Dani Gurgel
ADAPTAÇÃO DE CAPA Bruno Santos

Dados Internacionais de Catalogação na Publicação (CIP)
(Câmara Brasileira do Livro, SP, Brasil)

Gracia, Tati
Empatia : humanização além do marketing / Tati Gracia. -- 2. ed. -- Rio de Janeiro : Ubook Editora, 2023.

ISBN 978-85-9556-593-7

1. Marketing. 2. Comportamento do consumidor. 3. Empatia. 4. Design thinking. 5. Planejamento estratégico. I. Título.

CDD-658.8

Ubook Editora S.A
Av. das Américas, 500, Bloco 12, Salas 303/304,
Barra da Tijuca, Rio de Janeiro/RJ.
Cep.: 22.640-100
Tel.: (21) 3570-8150

Dedicatória

Dedico este livro a todos os profissionais que se empenham a humanizar o marketing; procurando colocar o ser humano no centro das decisões, trazendo a diversidade como o caminho para empatizar e liderando marcas que atuem como protagonistas na construção de um mundo melhor para todos.

Epígrafe

"A empatia é uma consciência constante do fato de que suas preocupações e necessidades não são as mesmas de todo mundo."

Roman Krznaric

Agradecimentos

Escrever meu primeiro livro foi um sonho realizado e um dos maiores desafios da minha vida. Eu jamais teria conseguido sem a generosidade, a inspiração e a parceria de pessoas muito importantes para mim.

Como diz Brené Brown: "A coragem nos dá voz e a compaixão nos dá ouvidos. Sem as duas não há oportunidade para empatia e conexão".

Assim, agradeço a André Frigatto, por ser minha eterna fonte de amor e coragem e a nossa filha, Alice, nosso elo de expressão de amor ao próximo.

Aos meus amados pais, Josther Gracia e Edna Gurgel Casanova, minhas referências de dedicação à prática da humanização e da empatia em nossa sociedade. Ele, médico pediatra atuante, dedica sua vida a cuidar de seus pequenos pacientes acolhendo sempre seus familiares. Ela, enfermeira psiquiátrica, precursora do conceito de humanização na sua área de atuação, profissão que trazia como competência a eficiência despersonalizada. Pai e mãe, sem vocês ao meu lado, eu jamais teria sido capaz de acreditar que é possível sermos seres humanos genuinamente empáticos. A vocês, minha eterna gratidão!

Ao meu *paidrasto*, Lauro Henrique Milioni, que me ensinou que o amor é um gesto incondicional de doação. À minha irmã e afilhada Camilla Gurgel Casanova Milioni, minha fonte de inspiração e generosidade na construção de um mundo melhor para todos.

À Danielle Gurgel Casanova Gracia, a melhor designer que uma irmã poderia ter, seu incrível trabalho expressa por intermédio da arte meus pensamentos e sentimentos retratados neste livro.

À Vanessa Tofano, mais que uma colaboradora deste livro, uma parceira importante e presente na realização desse sonho. E à querida Gisela Schulzinger, referência em *Design Thinking* no Brasil, que trouxe um olhar complementar sobre o tema aplicado ao contexto da empatia. E ao Fabiano de Oliveira, mais do que meu assessor de comunicação, um amigo, que me acompanha desde o início da minha jornada.

Aos meus familiares, padrinhos e amigos queridos que, ao longo da minha jornada, me incentivaram, estiveram ao meu lado e de alguma forma participaram da realização desse sonho.

Ao Edu Albano, à Cris Albuquerque e ao supertime da Ubook que acreditaram comigo na relevância do tema e materializaram o lançamento do meu primeiro livro com tanto carinho e profissionalismo.

Ao meu amigo e coordenador dos programas de MBA e Formação Executiva em Marketing, Inteligência e Negócios Digitais da FGV, André Miceli, por ter me dado a oportunidade de compartilhar meu conhecimento através das aulas que leciono de Comportamento do Consumidor.

Ao Grupo Padrão, por ter gentilmente me convidado a escrever uma coluna sobre comportamento e empatia na revista digital Consumidor Moderno, onde tenho liberdade para selecionar os temas de relevância e expressar meu ponto de vista.

Aos meus professores e amigos de turma do curso de Pós-Graduação em Gerontologia do Hospital Israelita Albert Einstein de 2021 por terem me recebido, ajudado a aprofundar o conhecimento sobre o processo de envelhecimento e, assim, ser capaz de empatizar para propor soluções humanizadas e ajudar a trazer a relevância dessa geração na sociedade em que vivemos. Agradeço também à Lilia Porto, do portal *O Futuro das Coisas*, por abordar o tópico dos profissionais maduros no curso *Profissões do Futuro*, que me impulsionou a acelerar meus estudos na área.

E um agradecimento muito especial à Mondelēz International, empresa referência em sua área de atuação, que há mais de dez anos me acolhe como colaboradora, que me permite aprender a cada dia e que me deu um grande presente: a oportunidade de ajudar a liderar o tema Humaning — nova abordagem do marketing focada na conexão humana e que reflete o propósito da companhia — como parte do meu escopo dentro do Marketing Brasil. Ao time de liderança da companhia, aos meus amigos que ali conheci e a minha equipe, meu eterno muito obrigada!

"O valor das coisas não está no tempo que elas duram, mas na intensidade que acontecem. Por isso existem momentos inesquecíveis, coisas inexplicáveis e pessoas incomparáveis"

— Fernando Pessoa

Sumário

Introdução

Um marketing mais humanizado! É nesse caminho que estamos evoluindo e a empatia é peça-chave nessa trajetória. Saber se colocar no lugar do outro, não apenas com o olhar, mas com a experiência de fato, passa a ser a habilidade fundamental dos novos tempos para estabelecer uma conexão genuína entre consumidores e marcas.

O termo empatia tem permeado as rodas de conversa em todos os âmbitos. A temática, inclusive, vem se difundindo e ultrapassando os limites da academia. Atualmente, encontramos aplicabilidade para a palavra em diversos processos, desde os treinamentos de liderança ao desenvolvimento de inovação. Foi desse movimento que nasceu o viés da empatia sob a ótica do marketing e como deve ser sua experiência no campo das relações de consumo. Quando avaliamos essa ligação, surgem muitas questões a respeito de como a empatia funciona e se ela é realmente eficaz.

Após dedicar alguns anos estudando a relação do termo com cases de marketing nas mais diversas indústrias e segmentos, eu concluí que, para desenvolver uma estratégia vencedora com resultados de impacto, é preciso definitivamente vivenciar a realidade do consumidor, trazendo-o ao centro de tudo: é isso que chamo de promover a empatia no marketing.

Ao longo deste livro, vamos percorrer exemplos de empresas nacionais e internacionais que absorveram em suas estratégias de marketing o conceito de compreender o outro e que conseguiram dialogar de forma muito mais eficiente e relevante com o consumidor. Esta obra é uma coletânea dessas histórias, com cases que permeiam o universo das organizações e abrem precedentes para um novo posicionamento: o de um marketing mais humanizado, fundamentado na empatia.

Este compilado, que inclui artigos inéditos e outros já publicados na coluna que assino no portal Consumidor Moderno (www.consumidormoderno.com.br), reúne exemplos de empresas de diferentes segmentos, tais como: cosméticos, bebidas, serviços financeiros, eletrônicos, automotivos, alimentos, entre outros, que entenderam que a empatia é fundamental para o sucesso da marca nesse novo mundo.

Em um contexto de isolamento social provocado pela epidemia de covid-19, é notável a transformação que a empatia está trazendo para as novas formas de consumo que experimentamos em nossa sociedade. Entramos na "Era da Assistência", um modelo comportamental empático ancorado na tecnologia, que tem como premissa se colocar no lugar do outro, entender sua nova realidade e propor soluções para assistir o consumidor. Sim, é sobre ajudar que estamos falando. Dessa forma, um novo papel para as marcas se estabelece dentro do marketing humanizado.

A pandemia também evidenciou as diferentes faces da desigualdade, seja de gênero, de raça ou de geração. O momento atual é fértil, pois estamos diante de um cenário totalmente transformador. Observar a aderência entre empatia, diversidade e inclusão de forma íntegra pode ser a resposta-chave para o momento atual, sendo um dos caminhos para a retomada saudável do crescimento das empresas no pós-pandemia.

Impossibilitados de ter encontros físicos por causa do isolamento social, deixamos de habitar os espaços de socialização e passamos a estar mais tempo dentro de nossas casas. Essa ruptura vem transformando completamente o conceito de experiência. A inovação no *hometainment* (ou entretenimento doméstico) tem se tornado uma tendência crescente para gerar novos momentos de conexão entre consumidores e marcas. Entender para participar é parte do escopo das marcas nesse novo contexto.

Com isso, restam algumas perguntas: como trazer humanização e inclusão para o Marketing? Como assistir os consumidores nesse novo contexto de mundo e sua nova jornada de consumo? Quais são os comportamentos e as habilidades necessárias para os líderes do futuro?

Essas são algumas questões às quais a empatia esclarece e traz a solução!

Este livro é um convite a esse novo olhar, agora mais do que nunca focado no outro. O exercício de colocar o consumidor no centro da estratégia e da inovação, por intermédio do protagonismo da compreensão do ser humano e de uma atitude empática, é o que proponho com uma mescla de teoria e casos práticos.

Espero que, ao final da sua leitura, um novo comportamento seja impresso, o de fazer parte da construção de um novo marketing agora muito mais humanizado, inclusivo e empático.

Fica aqui meu convite!

Com carinho, Tati Gracia.

EMPATIA, A CHAVE PARA REINVENTAR

Capítulo 1

Imagem: Olga Strelnikova | Dreamstime.com

EMPATIA, O CAMINHO PARA A HUMANIZAÇÃO DO MARKETING

É, os novos tempos chegaram! Já se passaram mais de 12 meses do início de tudo isso! Era março de 2020: as escolas foram fechadas, as empresas orientavam seus colaboradores a trabalharem de casa, os supermercados estavam lotados de clientes em busca de comprar produtos essenciais para estocar durante a quarentena, enquanto as lojas fechavam suas portas e as ruas ficavam vazias. Novos tempos chegavam, e a pandemia se instalava no Brasil.

Diante desse novo contexto sem precedentes, as dúvidas que surgiram para nós, profissionais de marketing e de inovação, eram: quais comportamentos irão mudar? Como se dará a relação de consumo? E a conexão com as marcas? Os livros consagrados de marketing não continham esse capítulo, os estudiosos do comportamento reuniam fragmentos de informações ainda incipientes e a volatilidade no consumo derrubava todas as tentativas concretas de análise. Não existiam respostas prontas.

O que se apresentava era uma oportunidade única, em um momento singular da história, de genuinamente *se colocar no lugar do outro*, compreender seus sentimentos, perspectivas e usar essa compreensão para guiar as próprias ações.

Esse fenômeno denominado empatia se tornou a habilidade fundamental, e entender sobre comportamento, aplicando os conhecimentos a um cenário de incertezas e transformações, passou a ser essencial no mundo dos negócios. Portanto, apontarei alguns dos comportamentos emergentes impulsionados pela crise, que observamos como estudiosos da área e que vivenciamos na prática durante este período.

Se antes o consumidor buscava os canais de venda, nos quais a marca poderia estar disponível, agora, dado o isolamento social, as marcas precisam ir até o consumidor. Se antes comprar digitalmente era uma opção de conveniência, agora é uma das poucas soluções seguras, viáveis e ágeis. Os maduros, pessoas com sessenta anos ou mais, estão se digitalizando; as assistentes virtuais se proliferam; e as diferentes formas de se chegar ao consumidor estão surgindo. Com isso, a definição de conveniência é ressignificada e entramos na chamada "Era da Assistência". E tudo indica que esse momento veio para ficar!

Por outro lado, o novo modelo de consumo de entretenimento foi um dos maiores impulsionadores de mudanças comportamentais. Impossibilitados de vivenciar os encontros físicos, deixamos de habitar os espaços de socialização e passamos a ficar mais tempo dentro de nossas casas. O *hometainment* se tornou a nova tendência e a chave para as marcas se conectarem com seus consumidores. Ir ao cinema a céu aberto em um modelo drive-in, assistir ao lançamento da nova música de seu cantor favorito dentro de um game, ou até mesmo realizar compras em uma live são ações que fazem parte de um novo modelo de experiência de marca, um campo fértil para a inovação, no qual há muito a germinar!

Sob outra perspectiva comportamental, o isolamento social também trouxe à tona a importância das *conexões afetivas*. Ter que passar o aniversário longe da família, casar e não ter os amigos no casamento, ter um filho e não poder receber visitas na maternidade... tudo isso impulsionou a busca das marcas por novas formas de expressar carinho para se reconectar.

Segundo o e-book *O Futuro da Comunicação Pós-COVID-19 — ressignificar ou ser ressignificado, eis a questão*[1], produzido pelo Grupo FSB, "é essencial que as empresas saibam se posicionar em um momento de contingência e, na mesma medida em que as pessoas esperam que as marcas causem um impacto proporcional a seu tamanho e importância, o ato de participar e chamar a responsabilidade para si é ponto pacífico, praticamente obrigatório".

O consagrado veículo de comunicação *AdNews* fez uma lista com as melhores campanhas publicitárias durante a pandemia[2]. Algumas delas, destacadas a seguir, ficarão marcadas na história da quarentena de 2020 no Brasil.

1. Grupo FSB. "O Futuro da Comunicação Pós-COVID-19". Disponível em: <www.fsb.com.br/wp-content/uploads/2020/05/O-Futuro-da-Comunicação-Pós-COVID-19-1.pdf>. Acesso em: 10 mai. 2021.

2. ESTEVAM, Guilherme. "As 10 campanhas publicitárias que nos comoveram durante a pandemia". Disponível em: <www.adnews.com.br/as-10-campanhas-publicitarias-que-nos-comoveram-durante-a-pandemia/>. Acesso em: 10 mai.2021.

Lacta, *Cada pedacinho aproxima, mesmo estando cada um na sua toca*

Na semana da Páscoa de 2020, o vírus tinha acabado de tomar conta do mundo e a data tão querida poderia ter passado em branco. Mas não foi o que aconteceu. A Lacta, a querida marca de chocolates dos brasileiros, fez campanhas para a população se sensibilizar sobre a importância do isolamento, mesmo em uma data de comemoração familiar. Em filmes comoventes que mostram histórias reais, a marca nos emociona enquanto conscientiza.

APONTE A CÂMERA DO SEU CELULAR AQUI E ASSISTA AO VÍDEO

Nike, *Nada pode parar a gente*

"E aos atletas? Terá solidariedade sim! Sabemos que não é um momento fácil e aos que fazem exercícios em casa: não é hora de parar! Continue treinando em casa." Esse foi o poderoso incentivo da Nike, durante o momento de isolamento social, para que os esportes continuem e para que os atletas não desistam mesmo que ainda não possam jogar juntos.

APONTE A CÂMERA DO SEU CELULAR AQUI E ASSISTA AO VÍDEO

Nestlé NINHO®, *O amor que transforma*

A vida dos pais não tem sido fácil durante o isolamento, tendo que conciliar emprego, estudos e família. Empatizando com eles, a marca Nestlé NINHO® resolveu dedicar uma campanha só para os pais!

APONTE A CÂMERA DO SEU CELULAR AQUI E ASSISTA AO VÍDEO

Johnson & Johnson, *O sapo lavou a mão*

Para conscientizar a criançada, o sapinho que não tinha muita intimidade com a água e com o sabão decidiu lavar as mãos! Reinventando a tradicional canção infantil *O sapo não lava o pé*, a marca mostrou a importância de saber lavar as mãos corretamente.

APONTE A CÂMERA DO SEU CELULAR AQUI E ASSISTA AO VÍDEO

IKEA, *Projeto ThisAbles*

É importante reconhecer, contudo, que, ao longo da história, algumas marcas já vinham praticando a empatia por meio de suas comunicações e inovações, como é o belíssimo exemplo da rede de móveis e decoração IKEA, em Israel. Em parceria com as ONGs Milbat e Access Israel, especializadas em ajudar a melhorar a qualidade de vida das pessoas com deficiência, a rede desenvolveu o projeto ThisAbles.

APONTE A CÂMERA DO SEU CELULAR AQUI E ASSISTA AO VÍDEO

Volvo, E.V.A – Equal Vehicles for All

Seguindo essa mesma linha, a Volvo, consagrada marca de automóveis, traz um novo olhar humanizado para os dados à lente dos temas contemporâneos, como a igualdade de gêneros na hora de se pensar em segurança. Os parâmetros dos bonecos de testes sempre foram embasados em padrões exclusivamente masculinos e era mais do que necessário mudar esse padrão. A marca convida toda a indústria automobilística a participar desse movimento de mudanças em prol da segurança abrindo a patente e todos dados sigilosos dos estudos para que todos os seus concorrentes possam juntos acelerar esse movimento. Volvo, E.V.A – Equal Vehicles for All, todos juntos pela igualdade de gêneros.

APONTE A CÂMERA DO SEU CELULAR AQUI E ASSISTA AO VÍDEO

Petz, *Ame de Novo*

Outro exemplo é a inesquecível e emocionante campanha da Petz para incentivar a adoção de animais abandonados, mostrando que o amor de um pet é para sempre. A partir de uma parceria com um estúdio de tatuagem de São Paulo, a campanha abordou pessoas que procuraram um profissional para apagar a tatuagem com o nome da(o) ex. E aí vem a surpresa! Se você não viu essa campanha recomendo que a conheça, mas se você já viu, se emocione novamente!

APONTE A CÂMERA DO SEU CELULAR AQUI E ASSISTA AO VÍDEO

OREO, *Faz de Contos*

Que linda é a campanha *OREO Faz de Contos.* Mais do que um anúncio para o Dia dos Pais, a ação fala sobre o poder da representatividade nos contos infantis. A marca convidou o ator Lázaro Ramos, o chef Henrique Fogaça e o estilista Alexandre Herchcovitch para recontar essas histórias clássicas. Nas novas versões, Rapunzel é uma negra com lindos cabelos cacheados, João, de *João e o Pé de Feijão*, é destemido em sua cadeira de rodas de aventura e Patinho Feio é filho de um casal homoafetivo abordando a diversidade sexual. Foi uma ação da marca desenhada para ser 100% digital e acabou virando livros impressos que foram doados para escolas em todo o Brasil. Vale muito a pena conhecer.

João e o Pé de Feijão

APONTE A CÂMERA DO SEU CELULAR AQUI E ASSISTA AO VÍDEO

Rapunzel

APONTE A CÂMERA DO SEU CELULAR AQUI E ASSISTA AO VÍDEO

O Patinho Feio

APONTE A CÂMERA DO SEU CELULAR AQUI E ASSISTA AO VÍDEO

Enfim, não é mais sobre marcas *aspiracionais*, mas sim sobre aquelas que se conectam verdadeiramente com as pessoas, que entendem o contexto e participam da vida de seus diversos consumidores. O *consumo social* tem se mostrado um comportamento emergente e a crise atual tem sido um excelente teste para ver quais marcas são relevantes ou não. A provocação de um novo olhar para o marketing agora mais humanizado e centrado no ser humano deixa de ser estratégia e passa a ser sobrevivência para as marcas e os profissionais que atuam na área. Com isso, uma pergunta se estabelece: *você está preparado*? Fica o convite à reflexão e à prática da empatia!

Imagem: Anastasia Malachi | Dreamstime.com

EMPATIA, UMA HABILIDADE A SER APRENDIDA E CULTIVADA

"A arte de se colocar no lugar do outro pela imaginação, compreender seus sentimentos, perspectivas e usar essa compreensão para guiar as próprias ações." — Prof. Simon Baron-Cohen, PhD em Psicologia da Universidade de Cambridge.

Assim é conceituada a *empatia,* que alcançou um espaço essencial e determinante no mundo dos negócios, deixando de ser um diferencial para se tornar uma medida de sobrevivência corporativa.

Diante de um cenário de incertezas e de transformações, consumidores cada vez mais conscientes e seletivos começam a buscar por marcas que tenham um propósito claro, que atuem de forma responsável, com viés coletivo e de forma consistente, aliando os objetivos de negócios à relevância para a sociedade. A crise trazida pela pandemia do novo coronavírus tem sido um teste para ver quem se mostra relevante ou não dentro desse novo contexto! Não tem escapatória, chegou o momento de as marcas revisitarem seu propósito e assumirem um posicionamento social protagonista. Aquelas que conseguirem convergir as verdades da marca com as verdades humanas e culturais tendem a ter um futuro mais privilegiado. Esse é o significado de propósito adaptado aos novos tempos, uma abordagem centrada no ser humano como norteador da estratégia de marcas socialmente relevantes.

Um novo marketing se estabelece, agora mais humanizado e a serviço da construção de um mundo melhor. E, nesse contexto, a empatia se torna uma habilidade fundamental aos profissionais da área. Liderar uma marca é saber atuar com empatia, é entender que impacto social precisa ser um dever e não uma opção. Afinal, a construção de um futuro melhor começa pela escolha consciente das inovações que irão compor o portfólio da marca. E com o olhar positivo, sim, pois o mundo corporativo está mais empático! As marcas estão se unindo para ajudar das mais diversas formas. A criatividade inundou o marketing e a cada dia nos surpreendemos com a nossa capacidade de transformar, colaborar e protagonizar. Esse novo modelo mental, que nos foi imposto como consequência do contexto, trouxe novas responsabilidades, porém acompanhadas de oportunidades para ressignificar o propósito de nosso trabalho.

Uma pesquisa da McKinsey & Company[3] aponta que a sociedade estabelece critérios resultantes de um novo paradigma de mindset. A partir da pandemia, as pessoas passam a entender a necessidade de maior prevenção, planejamento e consciência ao consumir. Existe um contexto muito importante por trás de todo esse cenário. Quando a empatia é praticada, tanto a parte que recebe quanto a que exerce são igualmente beneficiadas. O exercício da empatia surte efeito em via de mão dupla! É justamente nesse ponto crucial que a transformação acontece.

---

3. SNEADER, Kevin; STERNFELS, Bob. "Da sobrevivência à prosperidade: reinventando o retorno pós-COVID-19". Disponível em <www.mckinsey.com/featured-insights/future-of-work/from-surviving-to-thriving-reimagining-the-post-covid-19/pt-br>. Acesso em 10 mai 2021

Prof. Jamil Zaki, diagrama da empatia

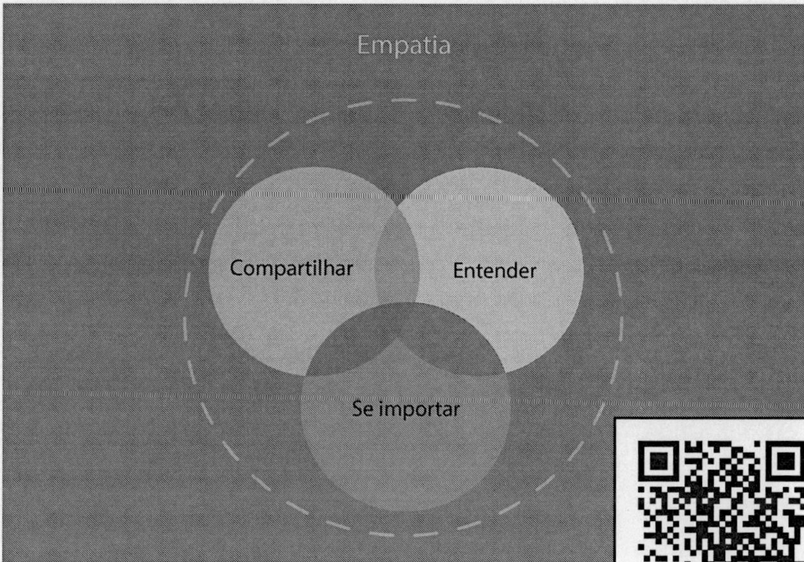

Fonte: adaptação de slide da palestra do prof. Jamil Zaki

APONTE A CÂMERA DO SEU CELULAR AQUI E ASSISTA AO VÍDEO

Nesse sentido, é muito gratificante acompanhar o trabalho de Jamil Zaki, professor de Psicologia da Universidade de Stanford, diretor do laboratório de Neurociência Social da instituição, e um dos nomes mais importantes no estudo da empatia. Zaki dedicou os últimos quinze anos de sua carreira a esse tema. Autor do livro *The War for Kindness: Building Empathy in a Fractured World* (A guerra pela gentileza: construindo empatia em um mundo fragmentado, sem tradução para o português), ele trouxe a reflexão sobre o risco de extinção da empatia no mundo moderno, caso as pessoas e as organizações não abram o espaço e a importância adequada que ela merece.

Ao contrário da crença generalizada e do mito social de que a empatia faz parte (ou não) da personalidade de cada um, na verdade, trata-se de uma habilidade que pode ser ensinada, desenvolvida e cultivada. Como afirma o prof. Jamil Zaki, "Empatia é como um músculo que, se não for trabalhado, atrofia", e as pesquisas mais recentes comprovam essa teoria. Convido você a assistir no YouTube a aula do prof. Zaki sobre o tema.

No desenvolvimento dessa habilidade, a "escuta empática" se apresenta como uma das principais técnicas a serem aprimoradas. Entretanto, há outro mito estabelecido com relação a essa prática que é a crença aceita pela maioria das pessoas de que escutar bem é fazer três coisas:

1. *Não falar quando os outros estão falando;*
2. *Deixar que os outros saibam que você está ouvindo, por meio de expressões faciais e sons verbais;*
3. *Ser capaz de repetir o que os outros disseram, praticamente palavra por palavra.*

Contudo, pesquisas apresentadas pela *Emotional Intelligence Series*[4] (coleção com livros de temática relacionada aos aspectos de inteligência emocional), da *Harvard Business Review*, demonstram que os verdadeiros e bons ouvintes são aqueles que colocam em prática os seguintes comportamentos de escuta empática:

1. *Bons ouvintes são aqueles que fazem periodicamente perguntas que promovem descobertas e provocações construtivas, em vez de escutar passivamente.*

---

4. Coleção de e-books. *"Emotionally Intelligent Leadership"*, Harvard Business Review. Disponível em: <store.hbr.org/product/hbr-emotional-intelligence-ultimate-boxed-set--14-books-hbr-emotional-intelligence-series/10377>. Acesso em: 10 mai. 2021.

2. *Bons ouvintes promovem interações que constroem a autoestima de uma pessoa e que tornam a conversa uma experiência positiva para a outra parte, o que não acontece quando o ouvinte é passivo.*
3. *Bons ouvintes são reconhecidos por promoverem uma conversa cooperativa e não competitiva. Eles podem desafiar e discordar, mas quem fala sente que o ouvinte está tentando ajudar, em vez de tentar ganhar com um argumento.*

Outro dado interessante, presente no estudo da McKinsey & Company, que mostra o quanto as empresas tendem a ganhar praticando a empatia, é sobre o direcionamento dos esforços para os 3Rs. Enquanto a maioria das empresas responde à crise focando mais no gerenciamento da situação do que na retomada, algumas se diferenciam justamente pelo posicionamento com foco na *reinvenção*.

Os 3Rs que conduzem esse comportamento estão atrelados à capacidade de: *responder*, *retomar* e *reimaginar*. Essas ações são definidas pelo processo de empatia, quando as marcas observam para onde devem seguir de acordo com as necessidades reais da sociedade e escrevem sua nova história partindo desse propósito.

Dada a compreensão de que a empatia é uma habilidade possível de ser desenvolvida, que para ser um bom ouvinte são requeridos alguns comportamentos e que para acelerar a retomada das atividades no momento pós-pandemia se faz necessário empatizar para atuar nos 3Rs, pergunto: *você está preparado para aprender a exercitar a empatia?* E se a resposta for sim, qual a qualidade da sua escuta enquanto líder de marca, gestor de pessoas e (intra) empreendedor?

A reflexão sobre empatia deve ser profunda, sendo sempre importante lembrar que não se trata de um "dom", ou de um "trabalho filantrópico", mas sim da prática de tirar a marca da condição de maior ganhadora da relação de consumo. É preciso ter a coragem de sair do foco e se colocar no lugar do outro para atender com sua marca o ser humano que está por trás da palavra consumidor.

MADUROS, EMPATIA PARA NÃO ESTEREOTIPAR

Capítulo 2

Imagem: Galina Trenina | Dreamstime.com

OS NOVOS COMPORTAMENTOS DA GERAÇÃO DO FUTURO

Repensar a maturidade! Não faz tanto tempo assim, logo ali na década de 1980, ser "idoso" significava uma grande limitação, tanto física quanto intelectual. Lembro que uma pessoa de sessenta anos carregava aquele estereótipo de fragilidade, mas hoje em dia é tudo bem diferente. Uma pessoa acima dos sessenta anos é jovem, cheia de energia e planos.

E essa realidade tende a se consolidar cada vez mais, basta analisarmos os dados científicos e econômicos do nosso país. Em 2021, alcançamos a marca de mais de 30 milhões de pessoas com sessenta anos ou mais, segundo dados oficiais da Organização Mundial da Saúde (OMS), e isso representa mais do que as populações do Chile e do Uruguai juntas. Segundo o mesmo indicador, chegaremos a mais de 67 milhões de idosos até 2050[5].

5. WORLD HEALTH ORGANIZATION. "Maternal, newborn, child and adolescent health and ageing". Disponível em: <www.who.int/data/maternal-newborn-child-adolescent-ageing/indicator-explorer-new/mca/number-of-persons-aged-over-60-years-or-over-(thousands)>. Acesso em: 10 mai. 2021.

Grupo de estudos Envelhecimento 2.0, Contador Populacional

Também é possível acompanhar o crescimento dessa população por meio do Contador Populacional, que utiliza como fonte dados do Instituto Brasileiro de Geografia e Estatística (IBGE) com a projeção da população Brasil e Unidades da Federação por idade até 2060. O contador integra o cálculo de crescimento em cada painel segundo os critérios abaixo relacionados:

- *Brasil 50+ cresce em um indivíduo a cada 21 segundos*
- *Brasil 60+ cresce em um indivíduo a cada 28 segundos*

Fonte: Grupo de estudos Envelhecimento 2.0

APONTE A CÂMERA DO SEU CELULAR AQUI E ACESSE O CONTADOR

Por isso, o exercício do olhar empático sobre essa grande parcela da população é mais do que necessário, é fundamental. Quem são os novos maduros? O que consomem? O que esperam das marcas? Qual é o tipo adequado de comunicação? E quais são os novos propósitos de vida dessa geração?

Estudos da MindMiners, em parceria com a Hype60+[6], apontam que oitenta por cento dos entrevistados acima dos cinquenta anos estão dispostos a experimentar novos produtos e marcas. Os dados digitais merecem atenção: 74 por cento dos pesquisados acima dos sessenta anos se sentem abertos para testar novas tecnologias; e 71 por cento dos que têm mais de cinquenta anos se consideram "pessoas digitais". Para os 60+, esse número cresce para 73 por cento.

Além disso, os idosos também fazem parte da categoria dos *influencers* digitais, que são formadores de opinião com alto poder de persuasão. Isso é, trata-se de uma faixa etária que compreende o envelhecimento como processo dinâmico e progressivo e que as concepções de velhice nada mais são do que resultado de uma construção social.

São homens e mulheres independentes que ganham espaço no mercado de trabalho, seja pelo poder empreendedor, que une a experiência com o foco no que realmente se gosta de fazer, ou por meio de empresas que já conseguiram compreender o potencial e o valor da contratação desses profissionais.

Os nascidos entre 1946 e 1964 são os *gerontolescentes*, termo cunhado pelo médico geriatra Alexandre Kalache, referência no estudo do envelhecimento no Brasil. Essa é a geração que lutou contra o racismo, a homofobia, o autoritarismo político, a favor dos direitos da mulher, do empoderamento dos cidadãos e da liberdade sexual. É um grupo de pessoas que se sente confortável em se ouvir e está reinventando a forma como se vive e se percebe a velhice.

---

6. MATHIAS, Lucas. "Maduros e Digitais - novos comportamentos dos 50+". Disponível em: <www.mindminers.com/blog/maduros-e-digitais/>. Acesso em: 10 mai. 2021.

Filme Envelhescência, Gabriel Martinez

Para saber mais sobre o tema, recomendo o longa-metragem *Envelhescência*, dirigido por Gabriel Martinez (2015), o qual sugere uma nova perspectiva sobre o significado do envelhecimento em nossas vidas.

APONTE A CÂMERA DO SEU CELULAR
AQUI E ASSISTA AO FILME

Esse capítulo é um convite a conhecer os novos comportamentos dessa geração que a cada dia nos surpreende e se ressignifica, e um pedido de união ao combate ao etarismo, definido como preconceito, intolerância e discriminação contra pessoas com idade avançada.

E para começar, que tal responder à pergunta abaixo, velho quem?

Pfizer, Envelhecer Sem Vergonha – Qualidade de vida não tem idade

APONTE A CÂMERA DO SEU CELULAR
AQUI E ASSISTA AO VÍDEO

Imagem: Valiva | Dreamstime.com

A NOVA MATURIDADE NA ERA DA EMPATIA

Quanto mais experientes nos tornamos, mais nossa capacidade de desenvolver a empatia se manifesta de uma forma natural. Isso acontece porque, ao longo dos anos, percebemos o quanto é interessante viver com atenção plena sobre as coisas e menos no "piloto automático", priorizando o envolvimento seletivo com relacionamentos sociais próximos que ofereçam experiência emocional significativa.

É por esse motivo que a maturidade é um dos momentos mais bonitos da vida, e quando as pessoas percebem isso, elas começam a ser mais felizes. Nessa fase, a empatia é a responsável direta pelas redes de apoio que nos sustentam nos âmbitos físico, emocional e social.

De fato, precisamos olhar para a maturidade de forma mais acolhedora, pois o envelhecimento é um processo universal, heterogêneo e irreversível. Esse deve ser um desafio para as marcas de todo o mundo porque, na realidade, é muito difícil ser empático se ainda não vivenciamos determinada situação. Daí a necessidade da inclusão para aprender e não estereotipar.

Essa nova maturidade se apresenta de uma forma muito mais dinâmica e atuante. Diferente de outras gerações, os "novos maduros" são ativos e buscam possibilidades de desenvolvimento de suas habilidades. Um belo exemplo de como essa geração tem se comportado está no *Tsunami60+*, um estudo que une dados sobre o mercado brasileiro de pessoas com sessenta anos ou mais.

APONTE A CÂMERA DO SEU CELULAR AQUI E ASSISTA AO VÍDEO

Existe aí uma lacuna, ou uma grande oportunidade, para as empresas diante desses consumidores que crescem de forma veloz, onde a estimativas para as próximas quatro décadas é que a população idosa deve dobrar.

Esse aumento gradativo dos 60+ traz o desafio de entender como essas pessoas enxergam esse momento de sua vida. Segundo uma pesquisa realizada pela Confederação Nacional de Dirigentes Lojistas (CNDL) em parceria com o Serviço de Proteção ao Crédito (SPC Brasil)[7], com os consumidores acima dos sessenta anos, oito de cada dez entrevistados, 82 por cento, encaram a maturidade de forma positiva e atribuem a felicidade com a atual fase da vida.

7. CONFEDERAÇÃO NACIONAL DE DIRIGENTES LOJISTAS. "Oito em cada dez idosos têm percepção positiva da terceira idade, revelam CNDL/SPC Brasil". Disponível em: <www.site.cndl.org.br/oito-em-cada-dez-idosos-tem-percepcao-positiva-da-terceira-idade-revelam-cndlspc-brasil>. Acesso em: 10 mai. 2021.

Sendo que, diferente de décadas atrás, pertencer à terceira idade hoje em dia não significa sentir-se "velho". Ao contrário, de modo geral, 75 por cento dos idosos atribuem a essa etapa da vida características positivas, como ter mais sabedoria (quarenta por cento) e orgulho das próprias realizações (37 por cento).

Veja que interessante: pela primeira vez o mundo já tem mais avós do que netos, pois as pessoas estão vivendo mais e tendo menos filhos. A ONU (Organização das Nações Unidas) aponta que hoje são 705 milhões de pessoas acima de 65 anos contra 680 milhões entre zero e quatro anos[8]. Além de ser uma grande oportunidade que se abre para as marcas, é, ainda, praticamente um dever para aquelas que pretendem sobreviver e crescer nos próximos anos se adequarem a essa realidade.

South China Morning Post, matéria sobre Chen San-yuan

A propósito, você já ouviu falar em Chen San-yuan? Um dos maiores jogadores de Pokémon GO do mundo, ele é um senhor de setenta anos que caça Pokémon com onze celulares simultaneamente e é uma sensação para os fãs do game. O motivo da jornada desafiadora: além de se divertir, San-yuan explica que foi a forma que achou para exercitar o cérebro e se prevenir de doenças como o Alzheimer.

APONTE A CÂMERA DO SEU CELULAR AQUI E ASSISTA AO VÍDEO ➤

8. G1.GLOBO.COM. "Pela 1ª vez, mundo tem mais avós do que netos". Disponível em: <www.g1.globo.com/mundo/noticia/2019/04/03/pela-1a-vez-mundo-tem-mais-avos--do-que-netos.ghtml>. Acesso em: 10 mai. 2021.

Muito interessante destacar que já existem jogos de realidade virtual desenvolvidos especificamente para reabilitação, os chamados *Serious Games* ou Jogos Sérios, como o "Balões", desenvolvido pela Escola de Engenharia da Universidade de São Paulo (USP) para reabilitação do controle postural e cognição de idosos caidores (aqueles propensos a quedas).

Ainda no segmento de games, estão os *exergames* (exer = exercícios físicos e games = jogos), jogos de realidade virtual que são executados por meio de movimentos corporais, como por exemplo os *exergames* comerciais do pacote *Wii Fit Plus: Table Tilt*, *Obstacle Course*, *Rhythm Parade*, *Single Leg Extension*, entre outros.

Se sua marca já tem presença no universo dos games, está aí uma excelente oportunidade para você ampliar sua base com novos consumidores.

Outra informação que nos faz refletir sobre o universo que se abre, em termos de negócios, está no turismo de idosos. Segundo o estudo Sondagem do Consumidor — Intenção de Viagem[9], do Ministério do Turismo, cerca de trinta por cento dos brasileiros na faixa etária acima de sessenta anos pretende viajar. Os hotéis e pousadas são os meios de hospedagem favoritos de, em média, 65 por cento desses consumidores.

Será que o mercado hoteleiro já se atentou para essa realidade e o quanto ela pode ser promissora? O que estão fazendo para atender de forma empática esses consumidores que preferem esse serviço? Essa é, inclusive, uma chance para esse setor se reinventar, tendo em vista o *boom* da "era Airbnb" entre os mais jovens.

A publicidade tem levantado a bandeira de um novo olhar com certo pioneirismo. As campanhas estão, cada vez

---

9. MINISTÉRIO DO TURISMO. "Sondagem do consumidor - intenção de viagem". Disponível em: <www.dadosefatos.turismo.gov.br/sondagens-conjunturais/sondagem-do-consumidor-inten%C3%A7%C3%A3o-de-viagem.html>. Acesso em: 10 mai. 2021.

mais, refletindo essa nova forma de envelhecer, valorizando a maturidade. São diversos cases que servem de reflexão a todos os segmentos. Escolhi um filme da empresa O Boticário, lançado em abril de 2020, em que um idoso de oitenta anos entra em um curso para fazer uma linda maquiagem em sua esposa que perdeu a visão. O desfecho da história emocionou os internautas.

O Boticário, Onde Tem Amor Tem Beleza

Esse é um exemplo de como é possível atrelar a empatia à maturidade e ainda enfatizar o valor da marca, que fez questão de explicar que O Boticário é feito de histórias e esse é um de seus propósitos mais relevantes. Além disso, a ação criou identificação dos itens de maquiagem com o público idoso.

APONTE A CÂMERA DO SEU CELULAR AQUI E ASSISTA AO VÍDEO

E não poderia deixar de citar duas campanhas incríveis que empatizam com a realidade de pessoas idosas. A primeira aborda o momento delicado da renovação da carteira de habilitação, e a segunda conscientiza sobre o abandono.

Nissan, A Grande Despedida

A Nissan do Brasil fez uma bela homenagem aos motoristas idosos que perdem a CNH (Carteira Nacional de Habilitação). Após os 65 anos de idade, os motoristas brasileiros têm de renovar a CNH a cada três anos e podem perder o documento quando o exame médico aponta que eles não têm mais condições físicas para dirigir. A montadora promoveu uma despedida em alto estilo para alguns ex-motoristas, levando-os para passear e depois dirigir o Nissan GT-R, um esportivo de 572 cv, considerado um dos carros mais rápidos do mundo. Veja que sensacional essa ação da Nissan!

APONTE A CÂMERA DO SEU CELULAR AQUI E ASSISTA AO VÍDEO

Burger King, King Senior

A rede de lanches Burger King incluiu um item inusitado no seu menu: o King Senior. Este foi o primeiro produto da história da rede voltado para idosos e só pode ser vendido para maiores de setenta anos. A ideia foi estimular os idosos e seus acompanhantes a sair de casa. Na caixa do King Senior vinham dois combos de Whopper pelo preço de um: um para o

APONTE A CÂMERA DO SEU CELULAR AQUI E ASSISTA AO VÍDEO

idoso e outro para quem fosse o acompanhante. Uma ação genial e inclusiva, como sempre são as campanhas da marca.

Parabéns à O Boticário, à Nissan, ao Burger King e a todas as organizações que conseguem entender que empatia e maturidade são totalmente convergentes e, assim, optam por incluir os idosos nas ações de suas marcas!

Imagem: Katsiaryna Miadzvedzeva | Dreamstime.com

AÇÕES INTEGRADORAS
PARA A MATURIDADE

Como as empresas se relacionam com o universo dos consumidores acima de sessenta anos? E provocando um pouco mais: será que a prática da empatia, que é uma capacidade que precisa ser exercitada de forma contínua, está sendo aplicada nessa relação de consumo?

Pode parecer até contraditório, mas as marcas ainda engatinham quando se trata dessa convergência entre empatia e maturidade. Volto a citar um dos mais importantes estudo sobre a maturidade dos últimos tempos: o *Tsunami60+*[10]. A equipe entrevistou 2.242 pessoas acima de 55 anos, de todos os estados brasileiros e classes sociais. Visitaram casas, conheceram a rotina e vivenciaram experiências incríveis com essa população. O resultado é fantástico e vale a pena ser conferido!

O que podemos aprender com a análise do *Tsunami60+* é justamente que estamos no caminho certo e na construção do entendimento de que essa nova geração é totalmente transformadora. Esses consumidores impactam totalmente o meio em que transitam e ainda se sentem invisíveis ao mundo.

---

10. Tsunami60+. Disponível em: <www.tsunami60mais.com.br>. Acesso em: 10 mai. 2021.

O que é inovação? Tendência? Conexão? Como essas pessoas enxergam o consumo e como elas se relacionam com as marcas? O que passa a ser uma comunicação e um produto ou serviço relevante para quem tem mais de sessenta anos no mundo atual? Esses são questionamentos fundamentais que as marcas precisam fazer para trabalharem de forma assertiva e relevante com esse público. Dar os primeiros passos em direção à empatia de forma genuína no universo promissor desses consumidores, é o caminho correto.

CNA, Speaking Exchange

Já temos empresas que mergulham nesse contexto. Vamos lembrar da CNA, tradicional escola de idiomas, que criou uma metodologia de aulas EAD (ensino à distância) com professores de inglês nativos. Grande parte desses profissionais era composta por pessoas idosas. Com a iniciativa, a CNA gerou uma grande comoção com esse público e atraiu novos alunos.

APONTE A CÂMERA DO SEU CELULAR AQUI E ASSISTA AO VÍDEO

Vodafone, Sunday Grannies

E o que dizer da empresa de telefonia Vodafone? Na Romênia, uma campanha da operadora transformou idosas em celebridades! Na ação, duas mulheres com mais de sessenta anos criam uma página no Facebook e convidam jovens para almoços de domingo. As senhoras ficaram tão famosas que ganharam um programa de culinária, além de servirem de inspiração para que mais idosos abram as portas de suas casas aos estudantes.

APONTE A CÂMERA DO SEU CELULAR
AQUI E ASSISTA AO VÍDEO

Airbnb, Usuários 60+

E não podemos esquecer da Airbnb, que sem dúvida revolucionou o mercado de hotelaria e ainda de maneira personalizada. A marca criou uma oportunidade de geração de renda para as pessoas idosas, onde hóspedes de todo lugar do mundo podem ser recebidos de forma acolhedora por eles em suas casas.

APONTE A CÂMERA DO SEU CELULAR
AQUI E ASSISTA AO VÍDEO

Segundo o Airbnb Citizen, esta é a faixa etária de hóspedes que mais cresce, o que mostra que o uso da tecnologia para encontrar opções de aluguel por temporada não é exclusividade dos millennials, como é conhecida a geração de pessoas que nasceram entre 1980 e 1994. De acordo com os dados, o crescimento dos usuários 60+ no Brasil foi maior do que o da média mundial nesta faixa etária, em 66 por cento. Entre os anfitriões nacionais, o grupo sênior é o que recebe as melhores avaliações dos hóspedes, com 85 por cento de avaliação cinco estrelas.

De forma geral, o esforço que as marcas estão fazendo para se aproximar da maturidade de forma empática é um fato percebido. Nesse momento de aprendizado, é claro que muita gente tem errado por aí, por vezes estereotipando esse público.

Mas o que vale é a disposição. E saber que a trajetória certamente envolve ganhos incontáveis tanto às empresas quanto aos consumidores idosos.

Importante destacar que as ações citadas acima foram feitas antes da pandemia!

Imagem: Ruslan Nesterenko | Dreamstime.com

O QUANTO EMPREENDER NA MATURIDADE É UMA INICIATIVA EMPÁTICA?

Você acha que empreendedorismo é coisa de jovem? Se a resposta for sim, está na hora de rever seus conceitos. Na verdade, empreender é uma disposição de *mentalidade jovem* e isso não tem nada a ver com a idade. Sabe qual é uma das principais características de sucesso dos empreendedores 60+? A empatia!

Isso mesmo, o empreendedor com mais de sessenta anos tem muita experiência de vida, o que faz com que ele saiba muito bem a importância de se colocar no lugar do outro ou, sendo mais específica, do cliente. E vem aí mais uma surpresa: grande parte desses empreendedores investe em negócios com foco em tecnologia.

É o caso de Yoko Ishikura, que está ativamente envolvida na construção da Sociedade 5.0* . Ela é professora emérita de Estratégia Empresarial Internacional na Hitotsubashi University, em Tóquio, e consultora do Fórum Econômico Mundial.

---

* Sociedade 5.0 é um modelo organizacional que utiliza avanços tecnológicos, como inteligência artificial, big data e internet das coisas etc, para melhorar o bem-estar da humanidade. [N.E.]

Yoko participou do IT Forum 2019[11] e, aos setenta anos, destaca a importância de reconhecer e aceitar o modo como a tecnologia está mudando a forma de viver, trabalhar e aprender. A profissional é especialista em fazer sites e estuda programação. Seu propósito é convergente à empatia, já que Yoko faz questão de ressaltar que desenvolve seu trabalho com o objetivo de construir uma sociedade melhor.

E como será que se movimentam os negócios liderados por empreendedores 60+? A história de Kazuo Kaneto, de 71 anos, é contagiante. Ele empreendeu pela primeira vez aos sessenta anos, quando criou um sistema exclusivo de gestão escolar básica. Em uma década, após muitos estudos destinados ao mercado digital, Kazuo criou uma ferramenta para que o professor possa acompanhar a evolução do aluno com base em suas habilidades e competências. Este é um processo ancorado na empatia para se relacionar com o professor, buscando entender as necessidades do profissional e como elas se conectam com o universo dos alunos.

Sabe quem também está de olho nesse "empreendedor maduro"? O setor de franquias, que tem aumentado exponencialmente a oferta de negócios para quem já passou dos sessenta anos. Essa postura converge com o mercado, pois segundo uma pesquisa desenvolvida pelo Sebrae (Serviço Brasileiro de Apoio às Micro e Pequenas Empresas) setenta por cento das pessoas desta faixa etária que pensam em abrir um negócio são motivadas pelo objetivo de manter ou melhorar o poder aquisitivo.

11. Disponível em: <https://youtu.be/6ADeU0yB8Z8>. Acesso em: 10 mai. 2021.

Eu Vô

Você conhece a Eu Vô? Essa é uma empresa de transporte seguro para idosos com motoristas parceiros treinados para dar todo suporte nas atividades diárias e aos compromissos médicos. Os motoristas são criteriosamente selecionados e recebem treinamento especializado para assistir aos passageiros. Um serviço porta a porta para os familiares que precisam de ajuda no transporte do idoso.

Interessante mencionar que a Eu Vô nasceu por uma motivação pessoal dos fundadores da empresa. A mãe deles é portadora de Esclerose Múltipla que, com o passar do tempo, perdeu sua autonomia em consequência da dificuldade para caminhar. Ao estudar o mercado, os filhos descobriram que milhões de brasileiros também sofrem com essa dor.

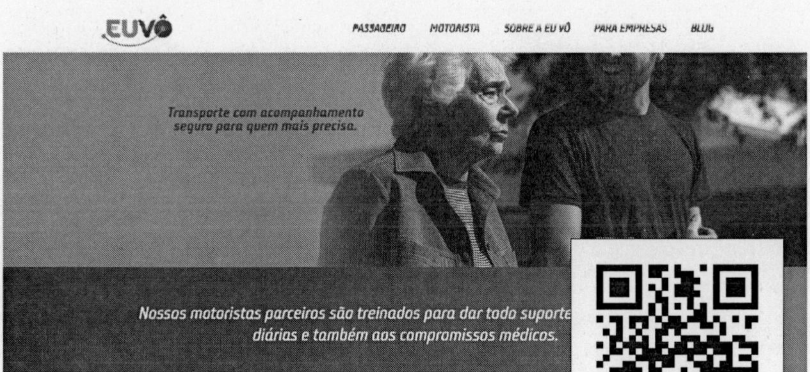

Foto: reprodução/Eu Vô

APONTE A CÂMERA DO SEU CELULAR AQUI E ACESSE O SITE

Maturi

Outro case de sucesso é a Maturi, plataforma pioneira que reúne oportunidades de trabalho, capacitação e empreendedorismo para o público idoso.

Foto: reprodução/Maturi

APONTE A CÂMERA DO SEU CELULAR AQUI E ACESSE O SITE

Hype60+ e Clarice Herzog Associados, Beleza Pura — Mulheres Maduras 2019

Você sabia que no Brasil cerca de 92 por cento das mulheres maduras não se sente representada pela comunicação de anunciantes, e que somente um terço delas está sendo impactado por propaganda? Pois é, esse é um dos resultados obtidos no estudo *Beleza Pura — Mulheres Maduras 2019*, desenvolvido pela parceria entre a Hype60+ e a Clarice Herzog Associados.

APONTE A CÂMERA DO SEU CELULAR AQUI E ASSISTA AO VÍDEO

Esse é um cenário alarmante, mas, ao mesmo tempo, representa uma grande oportunidade para as marcas que ainda não consideram as mulheres com mais de sessenta anos como um público-alvo estratégico. E ainda traz um viés muito interessante para esses empreendedores que buscam novos negócios para investir.

Que tal uma empresa de cosméticos para a terceira idade? E já proponho um exercício de diversidade: quem disse que deve se destinar somente a mulheres? Homens devem ser considerados como o "oceano azul" deste tipo de negócio, até porque a realidade é que, quando falamos de cosméticos, o interesse não é apenas o estético, os cuidados se relacionam diretamente à saúde.

Aliás, essa falta de empatia em relação ao marketing utilizado pela maioria das empresas que oferecem cosméticos para esse público aparece em dados concretos. O portal Mundo do Marketing, em parceria com a Reds Research e a eCGlobal, desenvolveu um estudo chamado *Beleza na Terceira Idade*[12], justamente para avaliar a eficiência da comunicação dessas marcas, e descobriu que mais da metade das entrevistadas (55 por cento do total) não se sentem representadas nas peças publicitárias desse nicho de mercado.

Esse comportamento nos leva a uma reflexão importante: falta empatia nessa comunicação, sim, e, indo além, falta saber como agir com empatia com esses consumidores. Esta é mais uma prova do grau de importância da experiência no processo da empatia e do quanto os empreendedores maduros podem somar.

---

13. OLIVEIRA, Priscilla. "Os desafios das marcas de beleza com a terceira idade". Disponível em: <www.mundodomarketing.com.br/reportagens/mercado/37262/os-desafios-das-marcas-de-beleza-com-a-terceira-idade.htm>. Acesso em: 10 mai. 2021.

Imagem: Ernest Akayeu | Dreamstime.com

MADUROS: A NOVA GERAÇÃO DE INFLUENCIADORES COMPORTAMENTAIS

"*A juventude é um estado da alma.*" — Jeanne Calment, francesa que chegou aos 122 anos de idade.

A frase acima nunca fez tanto sentido quanto agora. Cada vez mais imersos no mundo digital, os chamados 60+, que já representam uma parcela da população maior do que a de jovens de zero a 14 anos no Brasil, colecionam seguidores nas redes sociais, contabilizam milhares de likes, influenciam comportamentos de consumo e despertam um nicho autêntico de influenciadores digitais. As marcas que ainda não observaram esse movimento em expansão estão diante de uma grande oportunidade de revisitar seu propósito e seus valores para vivenciar a pluralidade dos consumidores.

Em se tratando de mídias digitais, as pessoas idosas materializam seu potencial seguindo na contracultura das redes, ou seja, na contramão de como os nativos digitais as utilizam. Com uma postura menos frenética, aprendizado adquirido nas vivências acumuladas e uma linguagem sincera, eles publicam conteúdos originais, questionam mitos, quebram tabus e se sentem suficientemente livres para defender suas opiniões. É, sem dúvida, uma geração empoderada e agora digitalizada, que não precisa de equipamentos ultra tecnológicos para se expressar e ocupar um espaço por muito tempo restrito às gerações mais novas.

Canal Avós da Razão

Quem ainda não conhece o canal *Avós da Razão*? Com mais de cem mil seguidores no Instagram e sessenta mil no YouTube, o trio composto por Gilda Bandeira de Mello (77 anos), Helena Wiechmann (91 anos) e Sonia Bonetti (88 anos) simplesmente arrasa no conteúdo, desmistificando temas polêmicos desta faixa etária, como a vida profissional, sexual e os desafios da quarentena. Sou uma fã de carteirinha, porque, além de aprender sobre a prática da empatia no segmento dos maduros, adoro o tom sincero com pitadas de humor para falar sobre temas socialmente relevantes. Uma das melhores discussões foi sobre serem chamadas de "velhas" ou de "idosas", uma aula de inclusão social!

Foto: reprodução/Avós da Razão

APONTE A CÂMERA DO SEU CELULAR AQUI E CONHEÇA O CANAL

O público sênior fomenta a chamada *Silver Economy* (economia prateada), que se refere ao consumo direto desse público associado às necessidades específicas de produtos e serviços. Segundo o *Tsunami60+*, um estudo que reúne dados sobre o mercado prateado e as tendências de inovações no setor, estima-se que essa economia movimente 7,1 trilhões de dólares anuais. Nos Estados Unidos, sua representatividade chega a um quarto do consumo do país (25 por cento) e no Brasil, os maduros movimentam anualmente cerca de 1,6 trilhão de reais. Quando comparados aos mais jovens, seu consumo cresceu três vezes mais rápido na última década, e já temos mais avós do que netos no Brasil.

"A superação do envelhecimento será o maior negócio do mundo. O futuro está nas pessoas com um passado", afirma Juan Carlos Alcaide, especialista em economia e marketing que estuda o envelhecimento e seus efeitos nos negócios desde 2004.

O Futuro das Coisas[13], portal referência na curadoria de conteúdos de inovação, tecnologia, educação e medicina, traz luz ao tema ***O emergir dos profissionais maduros,*** como parte da grade do curso de e-formação *Profissões do Futuro*. Entender como as organizações estão endereçando este tópico e as alternativas do caminho para esta população foi o assunto do webinar mediado por Lilia Porto, idealizadora de *O Futuro das Coisas*, e Ivo Godoi Junior, *partner* e *head* da EY-Parthenon, consultoria de estratégia global da Ernst & Young. Uma aula espetacular que tive a oportunidade de presenciar como aluna do curso.

14. O Futuro das Coisas. Disponível em: <www.ofuturodascoisas.com>. Acesso em: 10 mai. 2021.

Já atentos aos efeitos dessa imensa onda, grandes nomes do mercado começam a se antecipar e investir nesse segmento. A Rede Globo, por exemplo, lançou no começo de 2021 uma temporada totalmente inusitada do programa *The Voice Brasil*, com uma versão voltada para cantores acima dos sessenta anos, batizado como *The Voice* +. Em países como Holanda, Bélgica, Alemanha, Tailândia, México e Rússia o *The Voice Senior* é uma realidade e já revelou talentos incríveis. E como sabemos, o programa tem a capacidade de transformar talentos em influenciadores. Então, basta ficar atento, porque a lista dos influenciadores *seniors* no Brasil vai crescer.

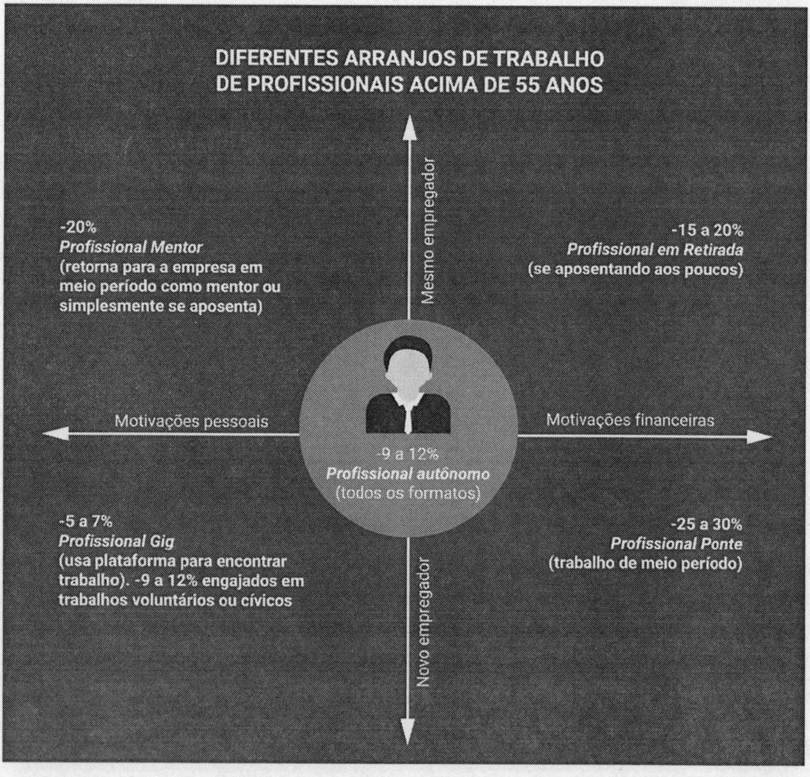

Fonte: adaptação/ O Futuro das Coisas/ Deloitte Insights

Outra empresa que despontou no mercado para idosos foi a Rappi que, logo no início da pandemia de covid-19, disponibilizou uma assinatura grátis para os maduros e lançou uma campanha com a hashtag #PeçaParaOsAvós. A iniciativa teve o objetivo de incentivar as pessoas do grupo de risco a ficarem em casa, mas, claramente, também ensinar os idosos a fazerem pedidos pela plataforma digital. O *e-commerce*, quando contextualiza as necessidades desse público, se torna uma oportunidade de negócio exponencial. O que se faz necessário é quebrar a barreira do aprendizado tardio do mundo digital — não à toa o *lifelong learning* já se apresenta como uma tendência.

"Precisamos reconhecer que o aumento da expectativa de vida e, consequentemente, o envelhecimento da população é um fato e mais do que isso, é uma conquista da humanidade"
— Lilia Porto, O Futuro das Coisas.

Os idosos, agora mais digitalizados do que nunca, estão se consagrando como a nova geração determinante no país. Com isso, novas perguntas se estabelecem para nós, profissionais de Marketing, Comunicação e Inovação: o que eles querem e como eles pensam? O que eles esperam de uma marca? Como estabelecer relevância?

Encontramos essas e outras respostas quando empaticamente escutamos pessoas como Iris Apfel, Park Mak-rye, a nossa querida Palmirinha, as *vovloggers* Lilia e Neuza, e todos os incríveis influenciadores digitais seniores que, através de seus canais, disponibilizam conteúdos que nos ajudam a compreender seu universo e as genuínas oportunidades de aproximação e construção do relacionamento entre as marcas e os consumidores desse segmento.

Neste contexto, finalizo com a reflexão do empresário Abilio Diniz: "Quanto mais vivo, mais acredito que somos aquilo que escolhemos ser."

Imagem: Ernest Akayeu | Dreamstime.com

VELHO MESMO
É NOSSO PRECONCEITO

Gostaria de começar este tópico de uma forma diferente. Para isso, convido você a um exercício prático de empatia, em que você terá a oportunidade de se colocar no seu próprio lugar ao responder as perguntas a seguir, elaboradas pela profa. dra. Naira Dutra Lemos:

"Eu sou idoso(a) — e agora?
Onde vou estar? Com quem vou estar?
O que estarei fazendo?
Já terei realizado todos os meus sonhos?".

Se você foi genuinamente capaz de vivenciar a experiência proposta, um passo importante foi dado na sua compreensão sobre o conceito de empatia e entendimento de que o envelhecimento é um prolongamento da vida de todos nós, o qual precisamos pensar, conversar e atuar sobre.

De acordo com a Organização Mundial da Saúde (OMS), idoso é todo indivíduo com sessenta anos ou mais. O Brasil atualmente supera a marca de trinta milhões de idosos e segundo a Projeção da População[14], pesquisa realizada pelo IBGE, em 2043, um quarto dos brasileiros deverá ter mais de sessenta anos, enquanto a proporção de jovens com até 14 anos será de apenas 16,3 por cento. Interessante destacar que em alguns estados já temos mais idosos do que crianças e pré-adolescentes. Outro dado relevante, trazido pelo site *Tsunami60+*, é que a população madura vai aumentar em todos os cantos do planeta, inclusive na América Latina, onde deve chegar a 119,5 milhões em 2030 e a quase 200 milhões de pessoas até 2050[15].

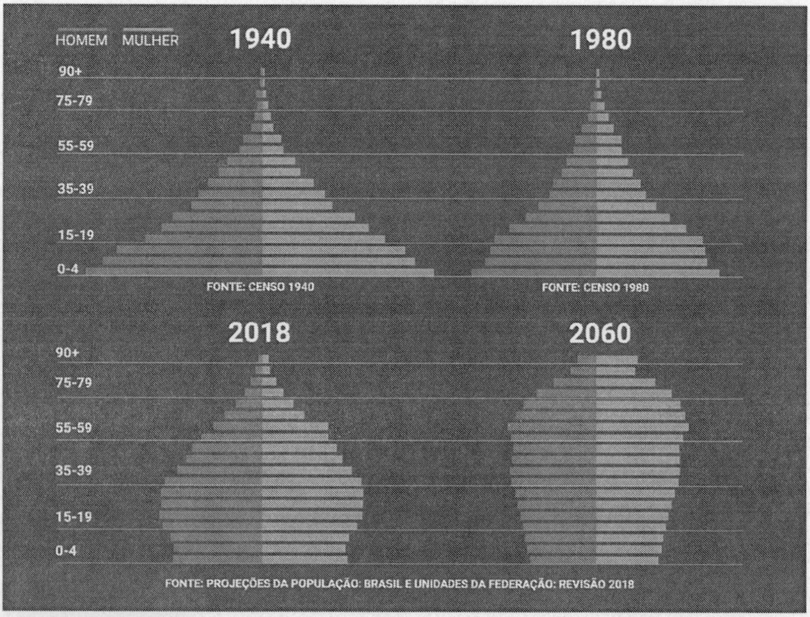

Fonte: adaptação/ IBGE

---

14. IBGE. "Idosos indicam caminhos para uma melhor idade". Disponível em: <www.censo2021.ibge.gov.br/2012-agencia-de-noticias/noticias/24036-idosos--indicam-caminhos-para-uma-melhor-idade.html>. Acesso em: 10 mai. 2021.

15. Tsunami60+. Disponível em: <www.tsunami60mais.com.br/>. Acesso em: 10 mai. 2021.

Em dezembro de 2020, a Assembleia Geral das Nações Unidas declarou o período de 2021 a 2030 como a "Década do Envelhecimento Saudável"[16]. A resolução da ONU expressa a preocupação de que, apesar da previsibilidade do envelhecimento da população e de seu ritmo acelerado, o mundo não está suficientemente preparado para isso. O documento reconhece que o envelhecimento da população afeta nossos sistemas de saúde, mas também muitos outros aspectos da sociedade, incluindo os mercados de trabalho e financeiros e a demanda por bens e serviços. Portanto, é um tema que requer uma abordagem de toda a sociedade.

Sob essa perspectiva, a chamada "economia prateada", uma alusão à cor dos cabelos dessa geração, definida como o conjunto dos bens e serviços gerados e consumidos por quem tem sessenta anos ou mais no Brasil, já gira em torno de 1,8 trilhão de reais por ano. É certo que a maioria das empresas ainda tem dificuldade de entender esse "novo" segmento.

Você sabia que pelo menos 10,8 milhões de brasileiros dependem da renda de idosos aposentados para viver? Que mais de quatro milhões de idosos vivem sozinhos no Brasil — mais de um milhão em São Paulo? E que, durante a pandemia, em torno de duzentos mil idosos se matricularam em universidades?

Entender os novos arranjos multigeracionais, os espaços sociais compartimentalizados e o que buscam esses consumidores em seus distintos contextos passa a ser determinante para as marcas que desejam ser longevas, e é uma grande oportunidade aos novos empreendedores. Fique atento, pois

---

16. NAÇÕES UNIDAS BRASIL. "Assembleia Geral da ONU declara 2021-2030 como Década do Envelhecimento Saudável". Disponível em: <www.brasil.un.org/pt-br/105264-assembleia-geral-da-onu-declara-2021-2030-como-decada-do-envelhecimento-saudavel>. Acesso em: 10 mai. 2021.

não basta considerar apenas a perspectiva etária, uma vez que a idade cronológica não é a única determinante. Faz-se necessário, portanto, entender o curso de vida de cada um, suas motivações, propósitos e realizações!

Outro ponto de vista

Recentemente, duas lindas histórias viralizaram no LinkedIn® quase ao mesmo tempo. A da redatora Ignez Therezinha Scotti, de 63 anos, e a de Maria Cardoso, de 101 anos!

"Olá, pessoal. Alguém conhece uma pessoa ou empresa que esteja disposta a contratar uma linda senhora de 63 aninhos?" Assim, ao contar sua história por meio de um post na rede social, Ignez teve mais de cem mil curtidas, 2.500 compartilhamentos e conseguiu um emprego em uma startup.

Enquanto isso, dona Maria Cardoso que, segundo ela, tinha a intenção de não depender da filha para comprar suas carnes e vinhos, enviou seu currículo a uma empresa e logo foi contratada. No perfil da empresa, dona Maria foi apresentada como "*influencer* com experiência em tomar uma tacinha de vinho todos os dias". A idosa recebeu uma proposta de emprego remunerado com um salário mensal e passou a trabalhar gravando vídeos em casa, experimentando e dando seu parecer sobre os produtos.

Duas histórias incríveis que se fundamentam na experiência, na motivação e na possibilidade de reconhecer o quanto essa geração pode seguir contribuindo. Há muito ainda por fazer, equidade geracional é de fato um grande e importante tema, mas certamente dona Ignez e dona Maria Cardoso são agentes impulsionadores deste movimento.

Pulando para as películas, há um crescente interesse nos filmes sobre o envelhecimento, seus determinantes e impactos.

No início de 2021, um filme inglês foi motivo de muita repercussão: *Meu Pai* (*The Father*), estrelado pelo indefectível Anthony Hopkins (83 anos), que ganhou o Oscar de melhor ator pelo papel. O filme apresenta uma narrativa inovadora e empática, onde o espectador é automaticamente colocado na perspectiva do outro, a do idoso.

Outra obra interessante é *Eu Me Importo* (*I Care a Lot*), filme veiculado na Netflix que conta a história de uma curadora de idosos que encabeça um esquema de extorquir ao máximo os bens dos seus clientes, uma trama que dá vontade de invadir a tela!

Além do mais, não poderia deixar de citar outros títulos que, como estudiosa da área, recomendo fortemente. *Viver Duas Vezes* (*Vivir Dos Veces*), o emblemático *O Curioso Caso de Benjamin Button* (*The Curious Case of Benjamin Button*), o emocionante *Para Sempre Alice* (*Still Alice*), *Um Senhor Estagiário* (*The Intern*), o incrível Os Intocáveis (*Intouchables*) e a série divertidíssima *Grace and Frankie*, da Netflix, com Jane Fonda e companhia. São todos exemplos que falam do universo dos 60+ e exercitam o poder de se colocar no lugar do outro. Vamos treinar? Fica a dica!

Um olhar sobre a inovação no segmento

Em 2005, a Organização Mundial da Saúde (OMS) estabeleceu três pilares para o "envelhecimento ativo": saúde, segurança e participação. Entretanto, como promover hábitos saudáveis e preventivos nesse contexto sem precedentes de isolamento social? Como garantir a autonomia, a segurança e o bem-estar dos idosos?

Empatizando com esse público e seus familiares, já é possível contar com uma leva de inovações e tecnologias para dar assistência nessa área. Uma delas é fruto da parceria entre a Amazon e a farmacêutica Johnson & Johnson: agora, a assistente virtual Alexa também conseguirá dar dicas sobre saúde mental e física para os usuários. De forma simples, basta dizer "Alexa, abrir. Vamos cuidar" que a assistente virtual irá perguntar ao indivíduo se ele quer uma dica de saúde física, mental, ou simplesmente um conselho para o dia a dia.

Falando em Alexa, não poderia deixar de mencionar a apaixonante e bem-humorada dona Jessica Silva, que tem um canal no TikTok[17] e que vale muito a pena conferir.

Desbravando novas oportunidades nessa área estão as Agetechs (startups focadas em oferecer serviços para os mais velhos). Segundo o site *The Gerontechnologist*[18], os mercados de saúde e bem-estar digital, a realidade virtual e as interfaces de voz tendem a crescer nos próximos anos com adoções tecnológicas que ajudam nos cuidados médicos, nas conexões sociais e também na educação e inclusão digital dos mais velhos.

Destaco a seguir três Agetechs globais que estão despontando e que acompanho a evolução:

> **ElliQ[19], o Robô Amigo** *é uma startup israelense que oferece um parceiro robótico de comando por voz, simples e amigável que ajuda na leitura e na resposta de mensagens, no compartilhamento de fotos, agendamento de compromissos e lembrete de medicamentos.*

17. Jessica Silva. Disponível em: <www.tiktok.com/@jessicakssilva/video/6931469781577043205>. Acesso em: 10 mai. 2021.

18. The Gerontechnologist. Disponível em: <www.thegerontechnologist.com>. Acesso em: 10 mai. 2021.

19. ElliQ. Disponível em: <www.elliq.com>. Acesso em: 10 mai. 2021.

Papa[20] *é uma empresa de matchmaking entre "netos e avós", que surgiu em Miami para conectar estudantes universitários a idosos para companheirismo e assistência. Os Papa Pals, como são chamados os estudantes que trabalham no programa, podem ajudar seus "avós adotivos" em tarefas que envolvem companhia, transporte, ajuda doméstica e aulas de tecnologia.*

Nectarine Health[21] *é uma startup sueca que criou uma pulseira programada por meio de inteligência artificial capaz de transmitir, via nuvem, dados para familiares e cuidadores de idosos, fornecendo um localizador em tempo real, atendimento remoto ou atendimentos de emergência.*

Inúmeras empresas de tecnologia, assim como grandes companhias ao redor do mundo, estão investindo em tecnologia para essa geração. As soluções são projetadas para e com eles e isso não significa botões grandes e áudio alto, e sim colocar os idosos no centro do processo de design, e, assim, empaticamente atender às suas necessidades e aspirações de uma maneira economicamente sustentável.

20. Papa. Disponível em: <www.joinpapa.com>. Acesso em: 10 mai. 2021.

21. Nectarine Health. Disponível em: <www.nectarinehealth.com>. Acesso em: 10 mai. 2021.

Fonte: The Gerontechnologist

Uma questão de empatia

Fato é que o envelhecimento é um processo dinâmico e progressivo, afinal envelhecemos todos os dias desde o nosso nascimento. Entretanto, para obter um envelhecimento satisfatório que preserve o bem-estar, a autonomia e a dignidade dos idosos e de todos nós que, se Deus quiser, também chegaremos lá, é preciso empreender esforços no agora.

"É triste imaginarmos que após todos os esforços empreendidos pela ciência e todo o empenho para prolongar a vida do ser humano, não sejamos capazes de oferecer as condições adequadas para vivê-la com dignidade."
— Profa. dra. Naira Dutra Lemos.

Nós, profissionais do mercado, líderes de empresas e marcas, temos essa responsabilidade! Seja por meio da criação de produtos, serviços ou marcas, precisamos acelerar essa agenda, pois a longevidade, apesar de ser um grande avanço da humanidade, vem carregada de consequências e preconceitos, o etarismo. Mas, com o olhar positivo e esperançoso, que quem me conhece sabe que tenho, vejo um caminho próspero no qual há muito o que fazer!

Por isso decidi, na segunda metade da minha vida, começar uma pós-graduação em Gerontologia no Hospital Israelita Albert Einstein, onde fui muito bem recebida. Com o curso, tenho a oportunidade de seguir aprendendo para poder empatizar com essa geração e participar da construção de um mundo melhor para todos, com mais tolerância e liberdade e menos preconceito.

Natura Chronos, #velhapraisso

É com muito carinho e admiração aos idosos e a vocês profissionais participantes dessa jornada que termino este capítulo compartilhando uma das propagandas mais bonitas de uma marca que tem um propósito muito claro, humanizado e consistente, com a qual eu tive a honra de trabalhar por alguns anos: Natura Chronos — *#velhapraisso*?

APONTE A CÂMERA DO SEU CELULAR AQUI E ASSISTA AO VÍDEO

DIVERSIDADE, ONDE A EMPATIA COMEÇA

Capítulo 3

Imagem: Viktoriia Miroshnikova | Dreamstime.com

UM OLHAR EMPÁTICO
PARA FORA E PARA DENTRO

"A inclusão acontece quando se aprende com as diferenças e não com as igualdades." — Paulo Freire.

Inspirados em Paulo Freire, que tal avançarmos na discussão de um *marketing inclusivo*? Convido a nós, profissionais da área, a refletirmos sobre a importância de incluir a diversidade no propósito e valores das marcas que cuidamos. Para aquelas que não possuem esse movimento como essência, é chegada a hora de empatizar. Afinal, vivemos um momento histórico no qual enfrentamos uma pandemia que nos colocou face a face com a necessidade inadiável de transformações sociais para a sobrevivência coletiva, como seres humanos e profissionais.

Primeiro, é preciso contextualizar: um marketing inclusivo propõe trabalharmos de forma muito mais empática, pois o conceito se refere a espelharmos a sociedade nas ações desenvolvidas pelo marketing. A iniciativa passou a fazer parte do universo de muitas empresas que compreenderam o quanto a diversidade e a inclusão se tornaram pautas essenciais e o tamanho desse reflexo na relação direta com os consumidores. Nunca foi tão fundamental olhar para as necessidades diversas da sociedade e para a relevância da comunicação inclusiva, de forma a obter um impacto positivo amplo e perene. Esse entendimento sobre diversidade é totalmente convergente ao universo da empatia.

Um dos temas mais discutidos quando se trata dos impactos da cultura da diversidade é o público LGBTQIA+.

Para identificar os desafios dessa comunidade durante o período da pandemia de covid-19, o coletivo #VoteLGBT, um dos mais expressivos do país, conduziu em 2020 o estudo *Diagnóstico LGBT+ na Pandemia* em parceria com a renomada consultoria de tendências Box1824[22]. Entre as conclusões do material, os três maiores impactos nessa população foram: piora representativa na saúde emocional, apontando quadros expressivos de ansiedade; afastamento da rede de apoio; e falta de fontes de renda.

Assistimos a outras iniciativas importantes como o projeto *Histórias da Queerentena*[23], realizada pelo Núcleo de Direitos Humanos e Cidadania LGBT (NUH) da Universidade Federal de Minas Gerais (UFMG), que buscou entender os impactos da pandemia entre as chamadas dissidências sexuais (que, segundo o grupo é um "termo considerado mais apropriado para expressar a complexidade das identidades de gênero não binárias, ou seja, que extrapolam os padrões convencionais do feminino e do masculino"[24]). O projeto NUH reuniu textos com depoimentos e reflexões da comunidade em um livro, publicado no fim de 2020.

No universo corporativo, também passamos a compreender

---

22. Veja os resultados da atualização da pesquisa "Diagnóstico LGBT+ na Pandemia" em 2021 aqui: <static1.squarespace.com/static/5b310b91af2096e89a5bc1f5/t/60db6a3e00bb0444cdf6e8b4/1624992334484/%5Bvote%2Blgbt%2B%2B%2Bbox1824%5D%2Bdiagno%CC%81stico%2BLGBT%2B2021+b+%281%29.pdf>.

23. "Inter(Ditadas))): lançamento do livro 'Histórias Da Queerentena'" Disponível em: <www.fafich.ufmg.br/nuh/2020/11/13/interditadas-lancamento-do-livro--historias-da-queerentena>. Acesso em: 10 mai. 2021.

24. UFMG. "População LGBT+ ficou mais vulnerável com a pandemia". Disponível em: <www.ufmg.br/saudemental/noticia/populacao-lgbt-ficou-mais-vulneravel--com-a-pandemia/>. Acesso em: 10 mai. 2021.

a diversidade em padrões mais sólidos e mais empáticos.

Presenciamos empresas que fortaleceram seus propósitos e valores para levantarem a bandeira da diversidade na pandemia. Foi o caso da PepsiCo, que criou uma edição especial da Doritos Rainbow. Em 2020 a iniciativa ganhou ares inovadores, diante de grandes desafios, e preencheu o vazio do cancelamento físico da Parada do Orgulho LGBT+ com a obra inédita *Global Rainbow*[25], uma intervenção artística que iluminou o céu da avenida Paulista no dia da Parada com um arco-íris de luzes visível a sessenta quilômetros para promover a causa e mobilizar as pessoas para a plataforma #1Kiss1Donation, na qual beijos virtuais dos consumidores se reverteram em doações financeiras para dez instituições apoiadoras.

Natura, Dia dos Pais Natura | #MeuPaiPresente

Na mesma trajetória, a Natura também se destacou no ano passado ao apresentar 14 influenciadores em sua campanha para o Dia dos Pais, entre eles o ator Thammy Miranda. O objetivo era mostrar diversas nuances da masculinidade. A propaganda foi tão emblemática que seguiu indicada pela *Exame.com* entre as cinco campanhas mais marcantes de 2020.

APONTE A CÂMERA DO SEU CELULAR AQUI E ASSISTA AO VÍDEO

25. FARIAS, Taís. "Doritos ilumina avenida Paulista com as cores do arco-íris". Disponível em: <www.meioemensagem.com.br/home/marketing/2020/06/15/doritos-ilumina-avenida-paulista-com-as-cores-do-arco-iris.html>. Acesso em: 10 mai. 2021.

Aliás, não é de hoje que a Natura abraça e defende a causa LGBTQIA+. A empresa está nessa jornada de inovação há 15 anos e oferece benefícios de saúde a casais, independentemente de gênero ou orientação sexual, como licenças parentais estendidas (maternidade de seis meses e paternidade de quarenta dias), além de berçário sem custo. A empresa também garante a adoção do nome social e, para subsidiar novas ações nesse eixo, questões de identidade de gênero e orientação sexual fazem parte do levantamento idealizado para medir o Índice de Desenvolvimento Humano (IDH) do colaborador Natura[26], que foi concluído em 2020.

OREO, Proud Parent

A famosa marca de biscoito OREO também está à frente de causas relacionadas à diversidade. No Brasil, também no Dia dos Pais, ela lançou a campanha *OREO Faz de Contos,* que teve a participação do ator Lázaro Ramos para fazer releituras de contos infantis clássicos. Foram divulgados três episódios sobre diversidade. Nos EUA, a marca fortaleceu seu posicionamento na bandeira da diversidade com a campanha *OREO Proud Parent* dando continuidade ao movimento realizado em 2012, Proudly support love!, como parte da comemoração de seus 100 anos.

APONTE A CÂMERA DO SEU CELULAR AQUI E ASSISTA AO VÍDEO

26. DEURSEN, Felipe van. "Natura usa IDH próprio para criar melhorias para 1,2 milhão de revendedoras". Disponível em: <www.uol.com.br/ecoa/ultimas-noticias/2021/01/27/natura-usa-idh-proprio-para-criar-melhorias-para-12-milhao-de-revendedoras.htm>. Acesso em: 10 mai. 2021.

Canal Pride Talks

Outra empresa atuante na causa é a Ebanx, fintech brasileira fundada em 2012 que oferece soluções de pagamento que conectam consumidores latino-americanos a empresas globais e, em 2018, foi considerada a líder em pagamentos internacionais no Brasil.

APONTE A CÂMERA DO SEU CELULAR AQUI E CONHEÇA O CANAL

A fintech batizou o mês de junho como o mês da diversidade na empresa. Para celebrar o orgulho LGBTQIA+, criou a iniciativa #PrideTalks[27], em parceria com marcas como Olist, Bcredi, James Delivery, Juno, Pipefy e Rentcars, na qual promoveu debates relevantes sobre o tema e sobre o combate à LGBTfobia, aos preconceitos sofridos pela comunidade no ambiente de trabalho, e a importância de inclusão e diversidade nas empresas.

Contamos ainda com instituições específicas que fazem a diferença para esse público, como a TransEmpregos[28], ONG que ajuda a conectar oportunidades de trabalho a pessoas trans,

27. MOREIRA, José. "Pride Talks uma série de encontros sobre diversidade". Disponível em: <www.community.ebanx.com/pride-talks-e-o-orgulho-lgbt-lgbtiq>. Acesso em: 10 mai. 2021.

28. TransEmpregos. Disponível em: <www.transempregos.org>. Acesso em: 10 mai. 2021.

e que já constatou o aumento da conexão das empresas com o público. A ONG fechou parcerias com importantes empresas como a Atento e o Grupo Pão de Açúcar.

O fato é que a diversidade se tornou uma aposta para a retomada competitiva das empresas no pós-pandemia. Isso significa, portanto, que ter um time de colaboradores plural em um ambiente inclusivo será um diferencial para as organizações. O estudo *Delivering through diversity*[29], da consultoria americana McKinsey & Company, sobre diversidade, mostra que a chance de uma empresa ser lucrativa é 33 por cento maior quando existe um grupo de executivos diverso em termos de gênero e, além disso, as companhias que se comprometem com práticas inclusivas são potencialmente mais produtivas e lucrativas.

Falando de uma outra vertente, o entretenimento ficou mais colorido em tempos de covid-19, com o lançamento da série *Todxs nós*[30], da HBO Brasil, que tem como protagonista um personagem não binário abordando a questão de gênero, inclusive do ponto de vista linguístico, de forma nada clichê. A série tem bom humor e leveza e aborda situações de homofobia que começam no seio familiar.

"Você descobre quem é... quando deixa de ser quem não é."
— Todxs nós.

---

29. HUNT, Vivian; YEE, Lareina; PRINCE, Sara; DIXON-FYLE, Sundiatu. "Delivering through diversity". Disponível em: <www.mckinsey.com/business-functions/organization/our-insights/delivering-through-diversity?cid=soc-web&_ga=2.89138907.1746782278.1608662007-456615879.1590163349>. Acesso em: 10 mai. 2021.

30. Todxs Nós. Disponível em: <www.hbobrasil.com/share/series/detail/todxs-nos/15015/ttl757806>. Acesso em: 10 mai. 2021.

Falar sobre diversidade é falar sobre o exercício de empatia, uma prática que somos convocados a realizar, cumprindo o papel de empresas e marcas responsáveis que reconhecem, incluem e se relacionam com seus diferentes consumidores e colaboradores. Esse é um movimento que nos convida a refletir sobre o indivíduo como agente de construção de um coletivo socialmente justo, diverso e inclusivo.

Imagem: Catrin1309 | Dreamstime.com

DIVERSIDADE E EMPATIA: TÃO COMPLEMENTARES QUANTO ESSENCIAIS

A possibilidade de um novo mundo alicerçado por valores que impulsionam a construção de uma sociedade com maior equidade de oportunidades e benefícios para todos: seria um sonho a se tornar realidade?

Mas para chegarmos aonde queremos, precisamos começar a refletir por nós mesmos. *Qual é o meu papel como indivíduo e a minha contribuição na sociedade a qual faço parte?* A pandemia realçou as diferentes faces da desigualdade, seja social, de gênero ou de raça. O momento atual é fértil, pois estamos diante de um cenário totalmente transformador, uma oportunidade única para endereçarmos essas questões e avançarmos.

Agora é a hora de deixarmos um pouco de lado as discussões teóricas e colocarmos em prática mudanças que promovam Diversidade & Inclusão (D&I) para mulheres, negros, comunidade LGBTQIA+, pessoas com 60+ anos, negros, PCD (pessoas com deficiência), e para tantos outros grupos que estão presentes na nossa sociedade, mas possuem baixíssima representatividade em nossos ambientes corporativos.

Aliás, fica aqui uma curiosidade: poucas pessoas sabem, mas a invenção do álcool gel, item indispensável nos dias atuais, foi feita por uma mulher de origem latina; Lupe Hernandez, enquanto estudava Enfermagem em Bakersfield, nos Estados Unidos, em 1966.

Temos outros exemplos de mulheres que se destacaram na pandemia. Uma brasileira cientista negra, Jaqueline Goes de Jesus, pós-doutoranda na Faculdade de Medicina da Universidade de São Paulo (USP), coordenou a sequenciação do primeiro genoma do coronavírus apenas 48 horas após a confirmação do primeiro caso de covid-19 no Brasil.

A ONU Mulheres, criada em 2010 para unir, fortalecer e ampliar os esforços mundiais em defesa dos direitos humanos das mulheres, publicou diversos estudos sobre o impacto da pandemia nas mulheres. Disponibilizou um site específico para o tema[31], no qual apresenta desde questões relacionadas ao mercado de trabalho até diretrizes mais sensíveis como consequência do aumento da violência doméstica. Os dados da organização também apontam que as mulheres são a maioria dos trabalhadores na área da saúde, ou seja, elas estão mais expostas ao vírus, o que agrava ainda mais a desigualdade de gênero.

É fato que a diversidade em sua forma genuína é uma grande oportunidade de valoração para as empresas.

Os benefícios da Diversidade & Inclusão (D&I) em ambientes corporativos já são comprovados em diversos estudos. A consultoria McKinsey publicou o artigo, *Diversity wins: How inclusion matters*[32], no qual demonstra com números que D&I promove ambientes mais criativos, inteligentes, engajados, inovadores e, por consequência, produzem

---

31. ONU Mulheres Brasil. Disponível em: <www.onumulheres.org.br/covid-19>. Acesso em: 10 mai. 2021.

32. DIXON-FYLE, Sundiatu; DOLAN, Kevin; HUNT, Vivian; PRINCE, Sara. "Diversity wins: How inclusion matters". Disponível em: <www.mckinsey.com/featured-insights/diversity-and-inclusion/diversity-wins-how-inclusion-matters>. Acesso em: 10 mai. 2021.

melhores experiências para os consumidores finais e melhores resultados para os negócios.

Observar a aderência entre empatia e D&I de forma íntegra pode ser a resposta-chave para o momento atual, sendo um dos caminhos para a retomada do crescimento das empresas no pós-pandemia.

Guaraná Antarctica, Seleção Feminina é #CoisaNossa

Na vertente do "empoderamento feminino" algumas empresas entenderam essa forte conexão e ampliaram seu conceito de marca e propósito. O Guaraná Antarctica, por exemplo, levantou essa bandeira no final de 2020 ao promover o futebol feminino na campanha É Coisa Nossa, que estampa em suas latinhas as logomarcas de outras apoiadoras do esporte. A iniciativa tem grandes marcas confirmadas, como Burger King, Halls, Lay's, Vivo, entre outras, para terem seus logos impressos em mais de 30 milhões de latinhas de Guaraná em circulação no Brasil.

Foto: reprodução/Guaraná Antarctica

APONTE A CÂMERA DO SEU CELULAR AQUI E ASSISTA AO VÍDEO

Avon, Avon Power Stay #VeioPraFicar

A Avon também ganhou destaque com o case *Avon Power Stay #Veio Pra Ficar*[33], que trouxe novamente à tona o batom como símbolo de força feminina e da maquiagem. Motivada a mantê-lo como ícone contemporâneo, a companhia fez sua aposta e lançou o batom Power Stay com 16 horas de duração, a maior resistência disponível no mercado e claro, associado à imagem da Marta — referência em força e profissionalismo no futebol feminino.

APONTE A CÂMERA DO SEU CELULAR AQUI E ASSISTA AO VÍDEO ➤

Rede Mulher Empreendedora (RME)

Também assistimos ao movimento do empreendedorismo feminino crescer. Vale a pena se conectar com a Rede Mulher Empreendedora (RME) que já impactou quase um milhão de pessoas ao longo de sua trajetória, sendo a primeira e maior plataforma de empreendedorismo feminino do Brasil.

Durante a pandemia, a Rede ganhou notoriedade no apoio a empreendedoras e difundiu ainda mais o Marketplace RME, uma vitrine virtual exclusiva para as empresárias divulgarem produtos e serviços com base no movimento #apoieumaempreededora, que incentiva pessoas a comprarem de pequenos empreendedores, especialmente de mulheres.

---

33. EFFIE AWARDS BRASIL. Disponível em: <www.effie.com.br/cases-vencedores/2020/avon-power-stay-veio-pra-ficar-1920>. Acesso em: 10 mai. 2021.

Foto: reprodução/Rede Mulher Empreendedora

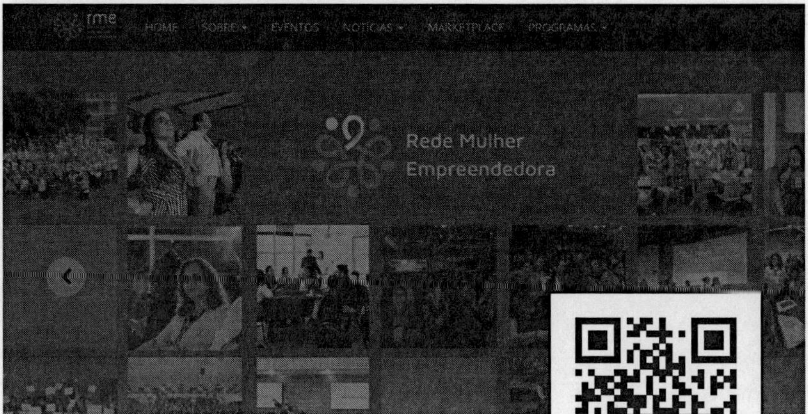

APONTE A CÂMERA DO SEU CELULAR AQUI E ACESSE O SITE

Apesar de o tema Diversidade & Inclusão ter se intensificado na pandemia, já acompanhávamos o crescimento das discussões há algum tempo. O livro *O poder da empatia — A arte de se colocar no lugar do outro para transformar o mundo* (2015), de Roman Krznaric, traz um dos cases mais importantes da história sobre a união da empatia e da diversidade: a história da designer de produtos norte-americana, Patricia Moore, que, no auge de sua juventude, abandonou seu emprego para transformar-se em uma senhora de 85 anos e vivenciar de forma empática como é a vida de um idoso.

A ideia era entender os desafios cotidianos que uma pessoa idosa e com dificuldade de mobilidade enfrentava ao viver em sociedade. Patricia utilizou disfarces originais para deixar a experiência o mais real possível, desde óculos velados que borravam a visão até sapatos com desníveis que a obrigavam a usar bengala.

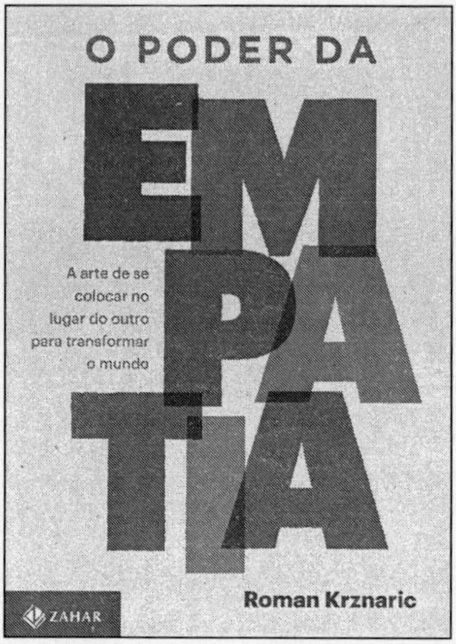

Fonte: livro O Poder da Empatia

Como resultado dessa imersão, Patricia levou o design internacional de produtos para uma nova direção. Foi nomeada a fundadora do design "inclusivo" ou "universal" e tornou-se famosa por seu "modelo empático", que inspirou uma geração de designers e estudiosos do comportamento do consumidor.

Transpondo para o momento presente, diante de uma pandemia global com implicações sociais e econômicas de longo alcance, a transição para organizações mais humanizadas, que valorizam causas, constroem ações com base em valores e colocam as pessoas em primeiro lugar, apresenta desafios e oportunidades na promoção da Diversidade & Inclusão.

Diversificar para empatizar se apresenta, então, como o novo mantra do contexto atual.

Uma atitude contundente que tem o poder de transformar o mundo em um lugar muito mais criativo, acolhedor e inteligente socialmente, com soluções que abraçam diferentes desafios e geram oportunidades para todos.

Imagem: Gpgroup | Dreamstime.com

DIVERSIDADE: ALAVANCA EMPÁTICA PARA GERAR VALOR NAS ORGANIZAÇÕES E NA SOCIEDADE

Belinda Parmar, criadora do "Índice Global de Empatia", concluiu em 2016, por meio de um estudo realizado com mais de 160 empresas, que as dez melhores empresas no Índice de empatia global[34] tiveram um aumento em seu valor duas vezes maior que as dez piores, geraram cinquenta por cento mais lucro por funcionário e tiveram um aumento de seis por cento em média na receita.

Refletir sobre a ótica empática da diversidade e a oportunidade de as empresas se conectarem com seus consumidores de forma plural, por meio de suas marcas, requer uma compreensão preliminar acerca da importância do processo de inclusão no mundo corporativo, a ser potencializado pela prática do respeito e da valorização das diferenças dos seus colaboradores.

Mas como fazer a *diversidade* atuar como parte da *cultura da empresa* e, assim, promover um processo de enriquecimento de ideias que contribuam para o resultado do negócio? Para começar, precisamos reconhecer a desigualdade social como uma realidade

34. PARMAR, Belinda. "The Most Empathetic Companies, 2016". Disponível em: <www.hbr.org/2016/12/the-most-and-least-empathetic-companies-2016>. Acesso em: 10 mai. 2021.

muitas vezes espelhada na composição do quadro de colaboradores das organizações. Quando compreendemos essa realidade, encontramos os estereótipos sobre a diversidade, que se formam à luz de políticas organizacionais aparentemente favoráveis às ações. Esse é um equívoco que requer uma correção urgente!

Como descreve Marcelo Cardoso[35], fundador da consultoria organizacional Chie, a diversidade étnica, racial e social possui um alto grau de correlação com a diversidade cognitiva. Pelos desafios que encontram ao longo da vida, pessoas negras, homossexuais ou com deficiências físicas, por exemplo, tendem a desenvolver perspectivas sobre a vida e a realidade diferentes das pessoas com outras experiências. Essa diversidade e multiplicidade de perspectivas passa a ser um ativo para que as empresas possam transformar os desafios da complexidade do momento atual em inspiração para cocriar novos futuros. Nesse sentido, convido você a ressignificar o conceito de diversidade, não como uma necessidade de criar igualdade social, mas sim de incentivar a pluralidade!

Segundo uma pesquisa conduzida pelo Instituto Ethos, em parceria com a Organização Internacional do Trabalho (OIT) e a ONU Mulheres[36], apesar de representarem 55,9 por cento da população brasileira, os negros ocupam apenas 4,7 por cento dos cargos de liderança das quinhentas maiores empresas do país. As mulheres negras representam 9,3 por cento dos quadros destas companhias e estão presentes apenas em 0,4 por cento dos altos cargos.

Essa e outras constatações nos trazem o entendimento de que a discussão sobre diversidade dentro das organizações nos convida

---

35. Marcelo Cardoso. Disponível em: <www.br.LinkedIn.com/in/marcelo-cardoso-452967a>. Acesso em: 10 mai. 2021.

36. OLIVEIRA, Hanna. "ONU e MPT realizam evento para empregabilidade de jovens negros". Disponível em: <www.vocerh.abril.com.br/diversidade/onu-e-mpt-realizam-evento-para-empregabilidade-de-jovens-negros>. Acesso em: 10 mai. 2021.

a elegermos o reconhecimento humano como a base para todas as ações. Esse é um processo de construção de uma nova forma de pensar e agir, no qual a valorização das pessoas não ocorra por aspectos como status social, gênero, sexo ou idade, mas pela condição humana em sua plenitude. Nesse sentido, a capacidade de se relacionar se torna cada vez mais um ponto central nas organizações e a empatia é a habilidade fundamental para que isso aconteça.

"Empatizar não é simplesmente calçar o sapato dos outros. Primeiro temos que tirar os nossos próprios sapatos."
— Scott Cook, fundador da Intuit.

Precisamos lembrar sempre que refletimos o que somos. Portanto, a maneira como as organizações atuam junto ao seu público interno é a forma que também refletirá nas relações com os consumidores e clientes. A pandemia de covid-19 enfatizou essa compreensão.

É complexo sim, na verdade é um desafio para as empresas e as marcas saberem dialogar de forma empática. Trata-se de um exercício constante, no qual a empatia é a base para esse olhar. Segundo Belinda, criadora do índice de empatia corporativa, "para que a empatia tenha um impacto duradouro, a mesma não deve ser vista somente como uma '*soft skill*', mas sim como uma habilidade essencial, urgente e capaz de contribuir com resultados das organizações".

Nesta mesma pesquisa supracitada, a autora também identifica oito comportamentos das empresas mais empáticas. São eles:

1. *Se preocupam com a própria cultura empresarial;*
2. *Atraem a geração Y (os millennials) por meio da inovação;*
3. *Possuem líderes admirados pela humanidade e conectados com a causa da empresa;*

4. *Insistem em ser transparentes e verdadeiras;*
5. *Compartilham a história e os valores por trás de sua marca;*
6. *Utilizam as mídias sociais de forma empática através do diálogo;*
7. *Ouvem e dialogam com seus haters;*
8. *Fazem da ética a prioridade do conselho administrativo.*

O Marketing, área de conexão entre marcas e consumidores, tem a responsabilidade de fomentar o movimento; a começar pela construção de equipes diversas, plurais e capazes de empatizar. O tão desejado "marketing humanizado" nasce daí e já vemos emergir alguns casos de marcas atuando com esse conceito em mente.

Mattel, boneca de gênero neutro

Pode parecer até comum atualmente, mas foi há cerca de dois anos que a Mattel apresentou para o mercado "uma boneca para todos — a primeira boneca de gênero neutro". Um movimento que nos faz refletir sobre o quanto é possível se conectar com o ser humano sem definir o caminho, mas sim abrindo possibilidades para que o próprio ser humano, chamado de consumidor, o construa.

APONTE A CÂMERA DO SEU CELULAR AQUI E LEIA A MATÉRIA ➤

Um estudo da revista *Forbes* aponta que a diversidade é um dos principais impulsionadores da criação, um componente-chave para o crescimento em escala global de uma marca. Em outras palavras, quando a empresa passa a olhar para o consumidor com empatia, ela está praticando a diversidade.

O Boticário, Natal 2020

Sob essa perspectiva, em 2020, a campanha de Natal de O Boticário causou muita emoção no público! O protagonista é um menino negro nos anos 1980, que registra na memória as diversas imagens da época festiva e se lembra de um mesmo padrão estético para o Papai Noel. "Com tanto Papai Noel no mundo, por que nenhum era como eu?", questionava ele. Depois de uma passagem de tempo, vemos que ele se transforma naquilo que sempre idealizou: um Papai Noel negro.

APONTE A CÂMERA DO SEU CELULAR AQUI E ASSISTA AO VÍDEO

Um olhar empático e contextualizado para a comunicação que foi lançada oportunamente no Dia da Consciência Negra, 20 de novembro, e ajudou a reforçar o compromisso antirracista da empresa.

Conta Black

E o que dizer da Conta Black, a primeira fintech protagonizada por negros do Brasil? Como descreve o site institucional da empresa, Sérgio All, CEO e fundador da empresa, "atuou no segmento dos jogos de videogames e ficou à frente da sua agência de comunicação por aproximadamente 25 anos. Mas teve a frustração de receber um sonoro 'NÃO' quando recorreu a crédito no banco para a troca de parte dos seus equipamentos. Esta frustração o fez sentir desvalorizado e perceber que, seu dinheiro, como ele também, parecia não ser importante para aquela instituição, questionando-se: 'Quantos Sergio's existem?'."[37]

Foto: reprodução/Conta Black

APONTE A CÂMERA DO SEU CELULAR AQUI E ASSISTA AO VÍDEO

37. CONTA BLACK. Disponível em: <www.contablack.com/quem-somos.htm> Acesso em: 10 mai. 2021.

Esse foi o ponto de partida para a idealização da Conta Black, comunidade financeira que tem como objetivo "resolver o desafio da desbancarização e, consequentemente, da exclusão financeira, ambas consequências da extrema desigualdade social".

O poeta e cordelista Bráulio Bessa também compartilhou lindas palavras sobre a diversidade em um dos poemas recitados no programa Encontro com Fátima Bernardes[38].

"Seja menos preconceito, seja mais amor no peito / Seja amor, seja muito amor. / E se mesmo assim for difícil ser / Não precisa ser perfeito / Se não der pra ser amor, seja pelo menos respeito." — Bráulio Bessa, poeta.

Afinal, como observa o advogado, filósofo e professor Silvio Luiz de Almeida: "Tudo muda quando descobrimos que os diferentes também são iguais."

38. "No Poesia com Rapadura de hoje Bráulio Bessa fala sobre respeito à diversidade". Disponível em: <www.globoplay.globo.com/v/6150193>. Acesso em: 10 mai. 2021

LIDERANÇA EMPÁTICA, COMPORTAMENTOS E HABILIDADES

Capítulo 4

Imagem: Foratlasbyatlas | Dreamstime.com

SOBRE LIDERANÇAS INSPIRADORAS

Em meados de 2020, participei de um encontro muito especial do Comitê de Diversidade da Mondelēz Brasil, pelo grupo de afinidade Gêneros; uma incrível oportunidade de abertura de diálogo da companhia e um momento único de reflexão profissional, pois me permitiu olhar para minha história e entender o que eu poderia trazer para uma roda de conversa sobre lideranças inspiradoras que agregasse algo para aquelas 170 pessoas que ali estavam conectadas.

Na busca de encontrar o sentido, percebi que não me via em uma história de conquistas, e o que me conectava a mim mesma num sentido pleno de orgulho não era sobre *o quê*, mas sim sobre *como* fui construindo minha trajetória profissional. Ao me ouvir e ouvir as histórias das mulheres daquele grupo compreendi que algo em comum se fazia presente: o nosso compartilhamento foi sobre manter nossa essência e ter coragem e liberdade para fazer escolhas.

Esse encontro me impulsionou a escrever sobre o que me atrai nesse cenário que se desenha em torno das lideranças femininas.

O exercício de ouvir, por meio de uma escuta empática, nos faz refletir sobre os caminhos e a história de cada uma e, a partir do compartilhamento, percebemos o quanto nossas escolhas devem ser valorizadas e respeitadas, sem julgamentos sobre uma atitude tomada. Não há o certo ou o errado, o que importa é a realização que se constrói sobre o caminho escolhido. Essa legitimação do direito de escolha, traduzido de forma natural por *equidade*, se faz presente, portanto, quando compreendemos as necessidades dos papéis e espaços de cada pessoa, observando sempre os impactos desse respeito no coletivo. Quando nós mulheres conseguimos perceber a representatividade das nossas escolhas, conseguimos protagonizar e vivenciar caminhos mais abertos.

O diálogo sobre equidade já está em evidência em diversas esferas sociais, tanto na política, passando pelo âmbito religioso e pelo mercado de trabalho, quanto na ciência. É um caminho de unicidade social, um viés que atua em camadas diferentes, mas com o mesmo fim: o de fazer que nós, mulheres, possamos compreender a importância de seguir nosso caminho e valorizar nossas escolhas.

No mercado, as marcas se movem para o conceito de valorização da escolha profissional feminina, abrindo um viés de que podemos chegar aonde estivermos dispostas a chegar. A Mattel, uma das maiores fabricantes de brinquedos do mundo, por exemplo, criou uma coleção para o Time de Campanha 2020 da Barbie, que inclui uma candidata negra à presidência dos EUA, coordenadoras de campanha, além de uma eleitora. O fato de promover criações nesse sentido possui uma articulação muito mais profunda, que enfatiza o poder da diversidade sobre as esferas sociais.

Entidades sociais importantes também despontam para essa visão. Pela primeira vez na história, o Papa Francisco nomeou seis mulheres para o Conselho de Economia do Vaticano. O pontífice prometeu maior equilíbrio de gênero nas funções administrativas da cidade-Estado, e agora as mulheres são a maioria entre os integrantes não religiosos do organismo internacional que fiscaliza as finanças da Santa Fé.

Algum tempo atrás tivemos outro movimento disruptivo em relação ao papel das mulheres nas lideranças. A Bayer, multinacional alemã, anunciou mudanças no quadro de gestão da divisão agrícola no Brasil. A executiva Malu Nachreiner assumiu o cargo de Líder da Divisão Crop Science. E, assim, a Bayer se torna a primeira multinacional do setor a ter uma mulher no comando, no país.

O mundo nos abre oportunidades quando estamos preparados para vivenciá-las. Essa preparação requer comprometimento e atenção com as nossas ações.

No campo da ciência, uma médica de atitude protagonista e vanguardista desponta. A dra. Marise Samama, médica ginecologista e referência em reprodução humana dentro e fora do Brasil, promoveu um diálogo libertador por meio do Grupo de Mulheres na Ciência da Unifesp (Universidade Federal de São Paulo), desmistificando o conhecimento sobre reprodução assistida e trazendo à consciência caminhos esclarecedores sobre a maternidade. A dra. Marise também incentiva mulheres a doarem seus óvulos, para que proporcionem a outras mulheres a realização do sonho de ser mãe. Uma corrente do bem se inicia!

Pensando na questão que o mundo caminha para a inteligência artificial, para robotização, e sem menosprezar os avanços desta inteligência na ciência, ela acredita que o cuidado na saúde tem que caminhar no sentido da humanização, obtendo melhores resultados quando aplica a empatia e a individualização. Em 8 de Março de 2021, no Dia Internacional da Mulher, preocupada com a falta de empatia e por observar um mundo hiperconectado à informação incorreta, ela fundou a AMCR, Associação Mulher, Ciência e Reprodução Humana do Brasil, uma associação sem fins lucrativos constituída por mulheres pós-graduadas na área da saúde feminina e reprodução humana, no intuito de fazer inovação em saúde, promovendo ciência e melhores práticas médicas.

Conexão Fertilidade

O primeiro projeto da AMCR é o Conexão Fertilidade, que conecta as mulheres à informação à luz da ciência e com empatia, apoiando todas elas em todas as fases da vida. A dra. Marise Samama diz que, desta forma, a mulher terá um melhor poder de decisão sobre fertilidade e saúde feminina, para, assim, sua jornada fértil se tornar muito mais bem-sucedida.

APONTE A CÂMERA DO SEU CELULAR AQUI E CONHEÇA O PROJETO

Finalizo apontando uma grande inspiração: Malala Yousafzai, a mais jovem vencedora do Prêmio Nobel da Paz, símbolo da luta pelo direito à educação das meninas e sobrevivente da violência extremista do Talibã.

"Um dia vamos acordar e ver todas as meninas, no Brasil e no mundo, na escola. Sem medo de estudar, com educação de qualidade, sem sofrer discriminação, sem ser obrigada a casar ou enfrentar trabalho infantil. E podendo sonhar com o que quiser — ser médica, policial ou qualquer outra coisa." — Malala Yousafzai.

Essa reflexão nos faz compreender o poder de estarmos preparadas para fazer as nossas escolhas e o quanto esse poder define nossos caminhos.

Imagem: Gpgroup | Dreamstime.com

HABILIDADES E COMPORTAMENTOS DOS LÍDERES DO FUTURO JÁ SÃO O PRESENTE

Tive a oportunidade de estar no painel do *Whow! Festival* 2020 para discutir esse tema, em uma imersão de três dias de inovação, disrupção e vivência digital. Mas, afinal, quais são os comportamentos e habilidades necessários para os líderes do futuro?

É incrível constatar que, finalmente, as características impulsionadoras das novas lideranças, nas mais diversas áreas de atuação, estão agora focadas no ser humano, na capacidade de exercitar a empatia e compartilhar. E o exercício de ouvir, por meio de uma escuta ativa, nos faz refletir sobre a importância da horizontalidade nas decisões. Esse novo comportamento que se estabelece como modelo de liderança ‘empática reflete diretamente na longevidade das marcas e na prosperidade dos negócios.

Começamos a notar mais líderes altruístas, vulneráveis e assistentes. Sim, esses são os que têm a capacidade de priorizar o ser humano no centro do negócio. Aceitar a vulnerabilidade não como uma medida de fraqueza, mas como a melhor definição de coragem, como já comentava Brené Brown, e com a legítima humildade para compreender que existimos porque estamos a serviço para auxiliar alguém, seja o consumidor de sua marca, sua equipe ou o conselho diretivo de sua empresa.

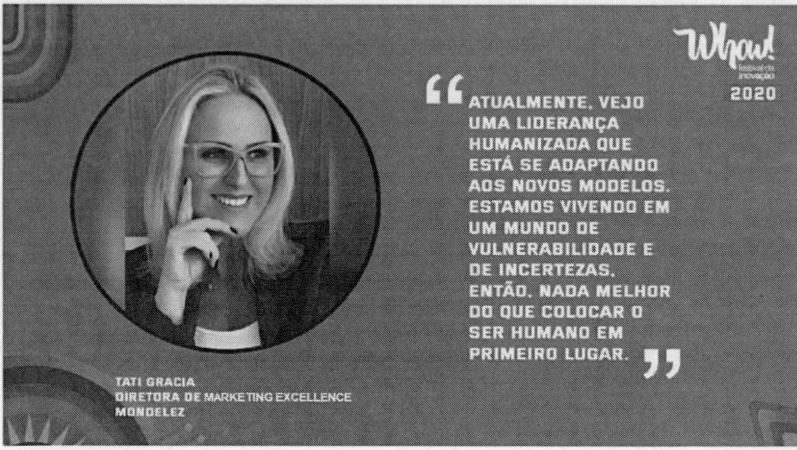

Foto: reprodução/Whow! Festival 2020

CMO 2025: O Futuro da Liderança de Marketing[39], o estudo mais recente da Spencer Stuart, uma das maiores consultorias para lideranças do mundo, aponta as características dos líderes de marketing dessa nova era em que estamos incluindo a visão do pós-pandemia. Entre as evidências, está o envolvimento da liderança por meio da *visão colaborativa* com a equipe; além disso, a chamada de atenção para a necessidade de *aprendizado contínuo* e da motivação constante, por meio do *reconhecimento*. É preciso unificar os discursos, remover os ruídos de comunicação entre a equipe e, principalmente, levantar a bandeira da *diversidade* sem deixar de ser *autêntico*.

"Essas características não podem ser forçadas e dependem de um estilo de liderança inclusivo e de ego inerentemente

39. DI DIA, Massimo; LUNDY, Guy; NOWAKOWSKI, Robert T.; KAMP, Deborah Op den; SANDERSON, Richard. "CMO 2025: The future of marketing leadership". Disponível em: <www.spencerstuart.com/research-and-insight/cmo-2025>. Acesso em: 10 mai. 2021.

baixo; aquele que define um tom cultural importante, bem como demonstra o valor de capacitar, mentorar e inspirar."
— CMO 2025.

O estudo foi um dos melhores que li nestes últimos tempos! Recomendo!

Esses são fatores impulsionadores das lideranças na Nova Economia, conceito que compõe a chancela da transformação cultural e da mudança de mindset para a transformação digital. Em entrevista exclusiva à StartSe, o italiano Andrea Iorio[40], referência em transformação digital, falou sobre os princípios da mudança de mindset em empresas e pessoas, suas experiências como diretor da L'Oréal e do Tinder, no Brasil, as diferenças entre *soft skills* e *hard skills* e a importância do setor de recursos humanos nos processos de transformação das empresas.

Para ele, a cultura digital é a cultura da agilidade e não existe uma grande distinção entre transformar a cultura de uma empresa ou dos empregados, porque, na prática, a companhia é o coletivo.

Iorio é autor do livro *6 Competências para surfar na transformação digital* (2019), no qual elenca as principais capacidades para pessoas e empresas alinhadas com a Nova Economia. São elas: *flexibilidade cognitiva* (capacidade de compreender diferentes áreas do conhecimento), *execução inovadora* (capacidade de prototipar de forma ágil), *compreensão do comportamento humano* (capacidade de ler e analisar outras pessoas e a si mesmo), *pensamento crítico* (capacidade de ir além do status quo), *crescimento sustentável* (capacidade de

40. ORTEGA, João. "As competências da nova economia, segundo Andrea Iorio" <www.startse.com/noticia/mercado/as-competencias-da-nova-economia-segundo-andrea-iorio>. Acesso em: 10 mai. 2021.

se desenvolver agregando valor para si) e *altruísmo digital* (capacidade de priorizar o ser humano no centro do negócio). O altruísmo digital está totalmente conectado à capacidade empática dos líderes de colocarem os consumidores como propósito central das marcas.

A Mondelēz International, por exemplo, tem como propósito colocar o consumidor no centro das decisões, e a visão de que os colaboradores são seus primeiros consumidores e também embaixadores. Para materializar o seu propósito, a Mondelēz Brasil lançou o Programa Consumidor N.1, um canal exclusivo para funcionários, liderado pela Liz, a assistente virtual da companhia. O foco do programa é que os colaboradores possam fazer contribuições sobre produtos, distribuição e pontos de vendas: sugestões, elogios ou solicitações, todas elas feitas via WhatsApp. Um exemplo de escuta empática, cultura protagonista e liderança centrada no consumidor #orgulhodesermondelez.

Não poderia deixar de finalizar esse texto sem apresentar um vislumbre do futuro para concretizar o tema e assim mencionar a perspectiva da ONU e do Fórum Econômico Mundial sobre as habilidades e competências essenciais para o trabalho no mundo pós-pandemia.

O relatório *O Futuro do Trabalho*, elaborado pelo Fórum Econômico Mundial em 2020, mostra que não será suficiente resolver equações e desenvolver códigos. Além da capacidade de pensar de maneira crítica, o líder do futuro precisa ter criatividade, saber resolver problemas e ser capaz de cooperar. Somam-se a essas habilidades, segundo matéria publicada na *Harvard Business Review* (2020), as capacidades de identificar novas oportunidades, estar confortável com as incertezas, colaborar e orientar equipes e construir networking.

O fato é que o mundo em que vivemos é testemunha de mudanças rápidas e significativas, principalmente, quando estamos passando por um período de profundas transformações e acelerações. Trazendo esse relatório para o momento presente, me questiono se de fato essas habilidades e competências são mesmo sobre o futuro. Afinal, desde o início da pandemia, como líder de uma empresa, tenho tido que aprender, desenvolver e praticar quase todas essas habilidades e competências diariamente. E que bom!

Afinal, como já afirmou Bill Gates, "ao olhar para o próximo século, os líderes serão aqueles que capacitam os outros".

E se você sentir que não dá para desenvolver todas as habilidades e competências requeridas, está tudo bem; pois como pontua Elon Musk, "esteja sempre pensando em como você pode fazer melhor"!

Imagem: Alena Satymova | Dreamstime.com

E VOCÊ?
O que publicou em seu LinkedIn® hoje?

"Você tem que estar constantemente se reinventando e investindo no futuro." — Reid Hoffman, cofundador do LinkedIn®.

A evolução das redes sociais trouxe uma mudança direta na forma como nos relacionamos, na linguagem que utilizamos e no limite como compreendemos a vida. Esse movimento social e digital caracteriza-se como um marco legítimo de transformação nas diferentes esferas sociais, do âmbito pessoal ao profissional.

Quando se trata de gerar conexões profissionais e negócios, o LinkedIn® é a maior rede social corporativa do mundo. A plataforma conta com mais de 660 milhões de usuários em todo o mundo, dos quais mais de quarenta milhões são brasileiros. O Brasil é o quarto maior país na plataforma, superado apenas por Estados Unidos (onde nasceu), China e Índia (com seus bilhões de habitantes). A média é de cem mil novos perfis criados por semana.

Estamos falando de um vasto universo de relações e grandes possibilidades. Um ambiente de exposição de marcas — as corporativas e as pessoais — e, consequentemente, um espaço de negócios. Terra fértil! Uma verdadeira vitrine para ver e ser visto. Mas também para aprender e expor um pensamento. E não são apenas assuntos pertinentes à própria companhia que trazem engajamento. Líderes, pensadores e empreendedores usam o espaço cada vez mais para estar na vanguarda das conversas de negócios, carreira e empreendedorismo social.

A plataforma publicou sua quarta lista anual das *Top Voices 2020*, que destaca os 25 profissionais brasileiros que estão iniciando conversas relevantes e ajudando a comunidade a atravessar as constantes mudanças no mundo do trabalho, assim como em setores específicos, com dicas para melhorar currículos, organizar home offices e encontrar o equilíbrio entre a vida pessoal e profissional.

Mas o que todo esse movimento em relação a essa rede social profissional nos mostra? Em primeiro lugar, destaco a importância de estarmos interligados por afinidade e participar de diálogos relevantes e construtivos. Pode parecer óbvio, mas quanto do seu tempo você utiliza para ser uma vitrine, fazendo posts para promover a si mesmo, em vez de se dedicar a dar e receber algum tipo de ajuda, seja colaborando com um comentário ou mesmo compartilhando um post de alguém da sua rede?

O estímulo à prática da empatia está evidente no posicionamento da plataforma. Experimente observar: enquanto para alguns o "ser visto" é suficiente, e para isso utilizam as métricas quantitativas como curtidas, para os vanguardistas é mais importante participar de diálogos, expor pensamentos e trazer contribuições socialmente relevantes. Esse comportamento também é o mais valorizado tanto pela marca LinkedIn® quanto pela maioria dos usuários da plataforma.

Não existe mágica!

Oferecer para a comunidade contribuições relevantes, que promovam o diálogo e tratem de assuntos em alta, procurar dar e receber ajuda sem ter como objetivo a autopromoção e publicar conteúdos que reflitam o mundo em que vivemos e trabalhamos... Esses são os principais critérios qualitativos para alguém conseguir ser considerado uma *Top Voice* no LinkedIn®. Para materializar meu ponto de vista, chamo a atenção para alguns agentes da plataforma que compõem a lista das *Top Voices* de 2020.

Mauro Wainstock[41] é CEO da consultoria de diversidade etária HUB40+. Ao longo do ano, Mauro repercutiu notícias sobre os benefícios da inclusão de profissionais sênior nas empresas e ajudou a divulgar processos seletivos com ênfase em diversidade. Sempre com foco na inclusão etária, ele também oferece dicas para o empreendedorismo após os quarenta anos e discute políticas como o estabelecimento de uma idade para a aposentadoria compulsória nas empresas.

Silvio Batista[42] é cofundador da Pet Luni e CEO de um *e-commerce* voltado ao mercado pet e compartilha seus aprendizados sobre esforço, sucesso e protagonismo. A partir de sua experiência como empreendedor, ele propõe novas formas de enxergar os problemas e dá conselhos para transformar decepções em estímulos para crescer na carreira.

Adriana Barbosa[43] criou a maior feira de cultura negra da América Latina: a Feira Preta. Já são 19 anos debatendo sobre as dores e dificuldades dos empreendedores negros no Brasil. Em setembro de 2020, ela inaugurou a Casa PretaHub, um espaço de criação digital para afroempreendedores.

41. Mauro Wainstock. Disponível em: <www.LinkedIn.com/in/maurowainstock>. Acesso em: 10 mai. 2021.

42. Silvio Batista. Disponível em: <www.LinkedIn.com/in/silvio-batista>. Acesso em: 10 mai. 2021.

43. Adriana Barbosa. Disponível em: <www.LinkedIn.com/in/adrianafeirapreta>. Acesso em: 10 mai. 2021.

Para complementar o olhar do que tem sido relevante na plataforma, o que os mais importantes CMOs (*Chief Marketing Officer*) andam falando no LinkedIn®?

Patricia Borges[44], CMO da L'Oréal Brasil, tem trazido, com certa frequência, discussões sobre a *transformação digital* nas empresas e o impacto desse processo de forma integral na jornada do cliente. "Logo no início da pandemia, bem no auge, tivemos que buscar nos reinventar e repensar nossas estratégias, sentimos a necessidade de olhar pra fora e trocar experiências."

Destaco o posicionamento de Alvaro Garcia[45], CMO da Mondelēz Brasil, que chama a atenção para o processo de *humanização do marketing*, a genuína compreensão da nova jornada do consumidor e a importância da inovação em marcas tão conhecidas e queridas. "As pessoas têm relação emocional com as nossas marcas, precisamos garantir que elas evoluam sem perder a essência. Inovação e tradição têm que andar lado a lado." Um muito obrigada especial ao Alvaro, meu gestor, pela inspiração!

Daniela Cachich[46], vice-presidente de marketing da PepsiCo Brasil, de forma constante, chama a atenção para temas ligados à *diversidade* como um diferencial para o negócio. "Em uma sociedade digitalizada, cada pessoa deve ser tratada como ela é, única, e a partir de sua identidade ter acesso ao que quiser, sem ter de ficar provando quem é a todo momento", declarou em uma publicação.

---

44. Patricia Borges. Disponível em: <www.LinkedIn.com/in/patricia-borges-petrozziello>. Acesso em: 10 mai. 2021.

45. Alvaro Garcia. Disponível em: <www.LinkedIn.com/in/alvaro-garcia-2739037>. Acesso em: 10 mai. 2021.

46. Daniela Cachich. Disponível em: <www.br.LinkedIn.com/in/daniela-cachich>. Acesso em: 10 mai. 2021.

E vou chamar a atenção para mais um executivo que também me desperta reflexões. Igor Puga[47], CMO do Santander Brasil, que publica seus artigos e nos convida a navegar por um universo de *pensamentos disruptivos*, opiniões conceitualmente muito bem fundamentadas e questionamentos sociais altamente relevantes. Puga diz, "Precisamos de um pacto imbuído de emocionar, mas com o compromisso de zelar pela transparência."

É claro que tenho mais alguns nomes de profissionais os quais admiro demais, acompanho e aprendo continuamente. E a todos eles que me aceitaram em suas redes, desde já registro meu agradecimento!

Antes de finalizar, pergunto: por que você imagina que me dediquei a escrever sobre esse tema em meio a uma crise sem precedentes como a que estamos passando?

O networking, em tempos de desemprego, nunca esteve tão valorizado e se torna obrigatório o uso da plataforma em meio à pandemia. Agora, eu pergunto: *como você está fazendo uso do LinkedIn®*?

Se voltarmos bem rapidinho aos temas-chave das *Top Voices* e o que os CMOs andam falando, podemos sim enxergar novas direções, ampliar nossas experiências e relações. Mas o que de fato aprendemos com eles é que se buscamos relevância na maior plataforma profissional de todos os tempos, precisaremos atuar menos "para ser vistos" e agir mais como "contribuidores empáticos", dedicando nosso tempo a ajudar e não apenas a colecionarmos likes. E, assim, desejo a você boa sorte e nos vemos lá no LinkedIn®[48]!

---

47. Igor Puga. Disponível em: <www.LinkedIn.com/in/igorpuga>. Acesso em: 10 mai. 2021.

48. Tatiana Gracia. Disponível em: <www.LinkedIn.com/in/tatianagracia>. Acesso em: 10 mai. 2021.

TECNOLOGIA **&** EMPATIA A SERVIÇO DE UMA NOVA ERA

Capítulo 5

Imagem: Alena Satymova | Dreamstime.com

A NOVA "ERA DA ASSISTÊNCIA": O RESSIGNIFICAR DA CONVENIÊNCIA

Os novos modelos de consumo que se estabelecem entre as marcas e os consumidores inauguram a "Era da Assistência": um modelo comportamental empático ancorado na tecnologia e que tem como premissa se colocar no lugar dos consumidores, entender sua jornada de compra e propor soluções customizadas para atender suas diferentes necessidades.

Se antes o consumidor buscava os canais de venda onde a marca poderia estar disponível, agora dado o novo contexto, expandido pelo isolamento social provocado pelo coronavírus, a marca precisa ir até onde o cliente está, se quiser fazer parte da sua cesta de produtos e seguir sua trajetória de consumo mesmo após o fim da pandemia. É preciso, além de estar disponível, entender as diferentes formas de se chegar aos diversos consumidores. E é nesse momento que a empatia se faz necessária! Conhecer os consumidores, entender as dores das novas experiências de consumo e oferecer uma solução que os ajude, deixa de ser opção e passa a ser questão de sobrevivência.

O consumo digital já existia, não é um comportamento novo, entretanto era algo ainda não estabelecido amplamente como um hábito predominante, ao passo que muitas empresas não tinham o *e-commerce* como um dos seus principais canais de venda. Se antes comprar digitalmente era uma opção de conveniência, dentro do conceito de uma marca omnicanal, ou seja, que oferece distintos canais de venda, agora a venda on-line é praticamente uma das únicas soluções viáveis. Com isso, a definição de conveniência é ressignificada para o contexto de assistência. Ao que tudo indica: a "Era da Assistência" veio para ficar!

Na tentativa de entender sobre essa nova era, diferentes modelos estão sendo criados, testados e acelerados, abrindo oportunidades de negócios ao mesmo tempo em que solucionam as necessidades dos consumidores.

NuMenu, minimercado on-line

Em parceria com a Mondelēz, Unilever, Coca-Cola, Heineken, Danone e outras empresas, a NuMenu instala um minimercado no térreo dos condomínios para levar comodidade aos moradores. Com o conceito de o que você precisa mais perto de você, o morador realiza a compra pelo próprio celular e retira diretamente na máquina de forma totalmente autônoma. Segundo a empresa, o serviço prestado funciona como minimercado equipado para tudo — desde almoço até produtos para lavanderia. Além de integrar tecnologia, a plataforma aprende o que está sendo mais vendido, e a empresa consegue reabastecer com os produtos que os moradores mais precisam.

APONTE A CÂMERA DO SEU CELULAR AQUI E ACESSE O SITE

Para dar suporte à inclusão digital dos maduros, ou 60+ — um público que atualmente representa 15 por cento da população brasileira e é responsável por vinte por cento do consumo no país —, grandes marcas criaram serviços específicos, como o Carrefour que criou o televendas conectado ao *e-commerce*[49]. Ao entrar em contato com a central de atendimento, é apresentada uma opção para quem tem mais de sessenta anos e quer fazer uma compra pelo telefone. A atendente faz a compra monitorada e nas praças onde existe o comércio digital, então o produto é entregue na casa do consumidor.

Magazine Luiza e Hering, assistentes virtuais

As assistentes virtuais ganharam ainda mais relevância. Aliás, o nome "assistente" nunca esteve em tanta conexão com o contexto em que estamos vivenciando. A famosa Lu, do Magazine Luiza, agora tem novas amigas virtuais como a Herica, da Hering, e elas estão conectadas com o consumidor via WhatsApp.

APONTE A CÂMERA DO SEU CELULAR QUI E ACESSE O SITE DO MAGAZINE LUIZA

APONTE A CÂMERA DO SEU CELULAR AQUI E ACESSE O SITE DA HERING

---

49. MEIO & MENSAGEM. "Conectando o Mercado: Silvana Balbo, diretora de marketing do Carrefour". Disponível em: <www.youtube.com/watch?v=qjV9CP-53wM>. Acesso em 10 mai. 2021.

De acordo com a pesquisa *Mensageria no Brasil — Fevereiro 2020*[50], publicada pela *Panorama Mobile Time/Opinion Box*, pelo menos 76 por cento dos brasileiros já usaram o WhatsApp para interagir com marcas. Das pessoas que já interagiram com marcas pelo WhatsApp, 77 por cento o fizeram para tirar dúvidas ou pedir informações, 65 por cento usam o app para receber suporte técnico, 61 por cento para receber promoções e 54 por cento para comprar produtos e serviços.

E assim as marcas seguem se reinventando, unindo a empatia com a tecnologia para dar toda assistência necessária aos seus consumidores. Até mesmo modular a velocidade de fala do robô de acordo com o tom de voz do cliente já é possível.

No evento CVX, *Customer Voice Experience*[51], Marco Aurélio Machado, *head* de produtos digitais e sistemas da AeC, contou sobre uma empresa-cliente que oferece cartões de crédito para idosos. Os consumidores dessa companhia ligavam todo mês para pedir uma segunda via da fatura e, ao analisar os dados, a AeC decidiu fazer uma mudança: elaborou um ativo, do robô de voz, que lembrava sobre o pagamento e oferecia uma segunda via. Além disso, o tempo da Unidade de Resposta Audível (URA) foi estendido.

Em uma pesquisa realizada pela AeC, no tema cobrança, os robôs de voz são mais efetivos, pois segundo os respondentes eles declaram se sentir menos constrangidos por serem cobrados por um robô do que por um ser humano. Esse aprendizado direcionou o uso da tecnologia a partir da compreensão empática do consumidor, proporcionando

---

50. MOBILE TIME. "Mensageria no Brasil – Fevereiro de 2020". Disponível em: <www.mobiletime.com.br/pesquisas/pesquisa-mensageria-no-brasil-fevereiro-de-2020>. Acesso em: 10 mai. 2021.

51. LULIO, Melissa. "Humana ou não, a voz é sempre uma alternativa no atendimento". Disponível em: <www.consumidormoderno.com.br/2020/06/03/voz-alternativa-atendimento>. Acesso em: 10 mai. 2021.

resultados para a empresa, mas também para o cliente, por meio da retirada de um potencial desconforto: o de estar sendo cobrado por outro ser humano. Como o autor Arthur C. Clarke aponta, uma tecnologia bem usada é como mágica.

E novamente voltamos ao conceito da "Era da Assistência", um momento social pautado pela literal definição do verbo assistir, assim definido como prestar ajuda, acompanhar, socorrer. Uma nova era na qual a tecnologia, lado a lado da empatia, nos ensina que é possível se colocar no lugar do outro e propor uma solução que atenda genuinamente às necessidades do consumidor. Uma era que não parece ser uma passagem, mas sim que veio para ficar!

Bem-vindo à "Era da Assistência"!

Imagem: Elizaveta Volkova | Dreamstime.com

A TECNOLOGIA HUMANIZADA NA ERA DA EMPATIA

Sob uma ótica integradora, a tecnologia é um recurso capaz de estimular a empatia e de gerar experiências focadas em propósitos bem definidos. É neste sentido que caminhamos para uma era da tecnologia humanizada.

Um bom exemplo desse movimento está nos tão famosos processos de *Business Intelligence* (BI), que utilizam o sistema de coleta, organização, análise, compartilhamento e monitoramento dos dados para identificar padrões comportamentais e oportunidades de negócio, por meio de análises e cruzamentos inteligentes.

Volvo, E.V.A – Equal Vehicles for All

A sueca Volvo entendeu a importância da compilação de dados e lançou a iniciativa Volvo, E.V.A – Equal Vehicles for All, que aborda o problema do viés inconsciente de uma maneira realmente significativa, chamando a atenção para uma manifestação de desigualdade que a maioria de nós nunca considerou. Pesquisas mostram que as mulheres são 71 por cento mais propensas a se machucarem em um acidente de carro e 17 por cento mais propensas a serem mortas, em parte porque os manequins padrão de teste de colisão são baseados em homens.

APONTE A CÂMERA DO SEU CELULAR AQUI E ASSISTA AO VÍDEO

Desde a década de 1950, a Volvo compila dados do mundo real para identificar quais lesões homens, mulheres e crianças podem sofrer em diferentes acidentes. Foram avaliados dados de mais de quarenta mil carros e setenta mil passageiros, o que resultou em diversos sistemas inovadores nos automóveis disponibilizados atualmente por meio da proteção conectada, ativa e passiva.

É muito interessante entender ainda quão empática é essa iniciativa, pois a Volvo a compartilhou com todos, isto é, tornou pública essa pesquisa, para que toda a indústria e a sociedade possam se beneficiar com esse trabalho.

Santander, Nossa Chama

O banco Santander também entendeu que o uso da tecnologia de compilação de dados pode ser uma mola propulsora na conexão com seus clientes. Uma plataforma de BI foi implantada para apoiar a prospecção de clientes de alto potencial e aumentar a base

APONTE A CÂMERA DO SEU CELULAR AQUI E ASSISTA AO VÍDEO

de correntistas qualificados. O alvo principal eram empresas de médio porte focadas no varejo.

Com a coleta e análise de informações precisas sobre o potencial de consumo desses clientes, as equipes de marketing e comercial conseguiram agir de forma precisa com esse grupo de consumidores, oferecendo soluções ideais a cada caso e campanhas que impactaram diretamente esses perfis. Para se ter uma ideia, foi registrado um crescimento médio de seis por cento em aquisição e receita após o uso do sistema de BI.

Dessa forma, o Santander percebeu o quanto fortalecer a imagem institucional foi uma peça importante para dialogar com cada grupo de consumidores. Vale conferir a campanha *Nossa Chama*, criada para fortalecer esse vínculo, conectando o propósito de sua própria identidade com a dos diferentes públicos do banco.

BBC, Nothing to be Written

É muito interessante perceber o quanto o elo entre empatia e tecnologia pode ser promissor. Outra face tecnológica totalmente empática é a realidade virtual. Uma das mais fascinantes ações neste sentido foi a ação promocional *Nothing to be Written*, desenvolvida em realidade virtual para a *BBC*. Uma junção de documentário e projeto artístico foi o resultado da produção que mostrou como os soldados nos campos de batalha da Primeira Guerra Mundial se comunicavam com suas famílias. A comunicação era restrita em um postal e milhões de cartões foram enviados dessa forma. A ação convidava o público a entrar em uma casa no início do século XX e a vivenciar a experiência e as sensações das famílias com a chegada dessas cartas.

APONTE A CÂMERA DO SEU CELULAR AQUI E ASSISTA AO VÍDEO

Em determinado momento, um soldado entra pela porta da casa, caminha ao encontro do público e entrega em mãos um postal. A narrativa é tão profunda que traz o exercício da empatia a todos os presentes. Essa é uma campanha que a *BBC* criou para tornar o público protagonista de sua própria história, rompendo com as estruturas conhecidas e permitindo que eles sentissem o que se viveu no passado.

Microsoft, Changing the Game

Em 2019, o *Grand Prix de Brand Experience & Activation*, de Cannes, foi atribuído à campanha *Changing the Game*, da Microsoft. O case mostra crianças amantes de games, mas com dificuldades de utilizá-los em decorrência de limitações físicas. O lançamento do *Adaptive Controller for Xbox One*, um controle com design e embalagem inclusivos, foi uma inovação totalmente empática, capaz de compreender os movimentos naturais dessas crianças.

APONTE A CÂMERA DO SEU CELULAR AQUI E ASSISTA AO VÍDEO

Atualmente, também tem se falado sobre o conceito da "empatia artificial" como uma nova fronteira da transformação digital, e de como a tecnologia e a empatia são meios congruentes.

Trailer do filme Ela, Spike Jonze

Quem assistiu ao já clássico filme *Ela*, do diretor Spike Jonze, entenderá. Fica a dica de conferir para quem ainda não o viu. Trata-se de um lançamento de 2014, mas seu contexto é superatual. O protagonista, Theodore, se apaixona por Samantha, um sistema operacional com inteligência artificial avançada. Apesar de se tratar de uma tecnologia que ainda não existe, o filme nos faz refletir sobre como seria, ou será, o relacionamento entre seres humanos e computadores.

APONTE A CÂMERA DO SEU CELULAR AQUI E ASSISTA AO TRAILER

Virtue Nordic e Copenhagen Pride, Q — First Genderless Voice

Apesar de ainda não existir determinada situação, o que já existe de fato são tecnologias criadas para agir com base nas emoções dos usuários. Vide nossas amigas Alexa (da Amazon) e Siri (da Apple), as assistentes virtuais cada vez mais preparadas para ajudar as pessoas e a Q — *First Genderless Voice* — primeira assistente de voz sem gênero criada pela Virtue Nordic em colaboração com a Copenhagen Pride.

APONTE A CÂMERA DO SEU CELULAR AQUI E ASSISTA AO VÍDEO

A inteligência artificial foi criada para detectar e responder às emoções humanas. Dessa forma, é possível criar interações efetivas e gerar lealdade a negócios e marcas. Um conceito introduzido em *machine learning* — que é uma automação baseada em aprendizagem de máquinas, por exemplo os *chatbots* — é o uso da tecnologia na análise da compilação de dados, conteúdos e contextos.

No marketing, *machine learning* deve ser utilizado para encontrar peças de conhecimento de dados. Empresas que entendem esse contexto estão investindo de forma massiva nele, como a Netflix, por exemplo. Com o uso dessa tecnologia é possível aumentar significativamente a eficiência de uma estratégia de automação de marketing.

A Netflix envia para sua base de dados, via WhatsApp[52], algumas informações "curiosas" sobre suas séries e, em seguida, envia o link para assistir. É uma forma inovadora que a empresa encontrou de se comunicar com seus consumidores e tem dado muito certo.

A relação entre empatia e tecnologia é tão convergente que praticamente não tem mais como enxergarmos o mundo sem essa conexão. Tecnologia & Empatia estão a serviço de um novo marketing, mais humanizado e com propósitos bem definidos, no qual os dados nos ajudam a predizer, personalizar e tornar relevantes as ações das marcas.

---

52. MEIO & MENSAGEM. "Netflix libera WhatsApp dos personagens de Dilema". Disponível em: <www.meioemensagem.com.br/home/comunicacao/2019/05/30/netflix-libera-whatsapp-dos-personagens-de-dilema.html>. Acesso em: 10 mai. 2021.

Imagem: Apinancgphoto | Dreamstime.com

TECNOLOGIA EMPÁTICA E GERADORA DE IMPACTO SOCIAL

Para qual direção a tecnologia está caminhando? O que podemos esperar da modernidade nos próximos dez anos? Essas são reflexões importantes para traçarmos ações de marketing que impactam gerações.

O fato é que a convergência entre tecnologia e empatia não está presente apenas momentaneamente. Muito pelo contrário, essa conexão é profunda e traz a base para inovar agora e nas próximas décadas. Trata-se de uma evolução natural, que decorre do fato de a tecnologia trabalhar a favor da humanidade, compreendendo suas dores para fazer a "roda girar".

Os Jetsons

Convido você a lançar um olhar sobre o futuro das cidades e à inteligência necessária trazida pela tecnologia para que possamos viver melhor. Hoje, estima-se que mais da metade da população mundial se concentra em cidades. Quando pensávamos na cidade do futuro, há cerca de trinta anos, lembrávamos do *Jetsons*, aquele desenho infantil com carros voadores e automatização de tudo, impossível esquecer a Rosie!

APONTE A CÂMERA DO SEU CELULAR AQUI E ASSISTA AO DESENHO

Mas sabemos que esse futuro do passado já não nos atende. Precisamos muito mais da empatia nos centros urbanos do que de uma tecnologia que nos prive de fazer tudo ou quase tudo. Isto é, nossas necessidades estão voltadas para a tecnologia empática.

Hoje, quando pensamos em cidades inteligentes, almejamos a "*smart city*", e podemos entender o "*smart*" como "*technologic*". Em relação ao marketing, compreendemos o conceito como *user-friendly*, ou seja, uma cidade amiga dos cidadãos que a habitam, na qual a inteligência está a serviço das pessoas.

Planet Smart City, Projeto Laguna

No Brasil temos um modelo se desenhando e sendo habitado em pleno vapor. A *smart city* Laguna, localizada no Ceará, no distrito de São Gonçalo do Amarante, oferece uma integração entre tecnologias inovadoras, processo de crescimento ordenado e sustentabilidade integrada. No projeto desenvolvido pela empresa italiana Planet Smart City, a tecnologia funciona a serviço das pessoas de forma empática e inteligente.

APONTE A CÂMERA DO SEU CELULAR AQUI E ASSISTA AO VÍDEO

Segundo o portal *O Futuro das Coisas,* entre as oito megatendências para os próximos trinta anos está a mudança na forma de urbanização[53]. Estima-se que até 2030 dois terços da população mundial viverá nas cidades*. E como devemos então pensar nesse ambiente de forma empática?

O portal destaca que a tendência é fazer crescer as pequenas e médias cidades, com maior atenção ao planejamento urbano para melhorar as moradias e a estrutura de vida das pessoas, diminuindo as diferenças sociais no espaço e tornando os ambientes mais ecológicos e sustentáveis.

Uma das especificidades da tecnologia que vem apoiando de forma crescente a empatia é a realidade virtual. Um estudo publicado pela revista *PLOS ONE*, liderado por pesquisadores da Universidade Stanford, nos Estados Unidos, revelou que o uso da realidade virtual pode ajudar a estimular a empatia entre os usuários. Os resultados mostraram que os participantes que passaram por tarefas com um ponto de vista mais pessoal, isto é, aquele possível com o uso da tecnologia da realidade virtual, afirmaram sentir mais empatia por causas sociais.

O cenário da pesquisa demonstra o quanto essa experiência sensorial, da realidade virtual, é empática e o grande potencial que existe nessa ferramenta de conectar seres humanos a outros seres humanos. E, sim, essa conexão pode mudar a percepção das pessoas em si.

---

53. "O Mundo em 2030: Oito Megatendências". Disponível em: <www.ofuturodascoisas.com/o-mundo-em-2030-oito-megatendencias>. Acesso em: 10 mai. 2021.

---

* O estudo foi publicado em junho de 2019, antes do início da pandemia da covid-19, o que pode ter mudado este cenário. [N.E.]

Chris Milk e ONU, Clouds Over Sidra

Fica a reflexão sobre o emblemático case do artista visual Chris Milk, que gravou em parceria com a ONU o *Clouds Over Sidra*. A equipe de Milk se deslocou até um campo de refugiados na Jordânia, no Sudoeste Asiático, e filmou a história de Sidra, uma garota de 12 anos que fugiu com sua família da Síria, atravessando o deserto. O artista apresentou o documentário no Fórum Econômico Mundial, em 2015, com a ajuda da realidade virtual, fazendo as pessoas se deslocarem para uma barraca num campo de refugiados na Jordânia.

APONTE A CÂMERA DO SEU CELULAR AQUI E ASSISTA À MATÉRIA

Nesse sentido, caminhamos também no desenvolvimento industrial. A Renault demonstrou em um programa como tem trabalhado a Indústria 4.0 com o apoio da realidade virtual e o quanto a inovação passou a ser humanizada dentro de seu conceito. A empresa criou uma área de treinamento focada na utilização da realidade virtual[54]. O sistema simula o ambiente de trabalho e todos os processos que serão realizados na linha de produção.

54. "Renault 4.0: treinamentos com Realidade Virtual". Disponível em: <www.imprensa.renault.com.br/release/item/renault-40-treinamentos-com-realidade-virtual/pt>. Acesso em: 10 mai. 2021.

O uso da realidade virtual na Medicina, Estado de São Paulo

Um mercado que tem apostado bastante no uso da realidade virtual como meio para criar maior empatia é a Medicina, principalmente para o estudo dos transtornos mentais. Atualmente existem estudos para avaliar fobias específicas com o auxílio da realidade virtual. A ideia é submeter o paciente a determinada situação para produzir a chamada "técnica de exposição", dentro do conceito da psiquiatria, para diminuir a resposta ansiosa. Dessa forma, o paciente também pode interagir com a dor, fazendo com que o cérebro entenda que tem condições de diminuir ou extinguir aquele sentimento fóbico.

APONTE A CÂMERA DO SEU CELULAR AQUI E ASSISTA AO VÍDEO ➤

Essas situações demonstram o quanto caminhamos ao lado da tecnologia para criarmos conexões mais empáticas e a importância desse movimento que reverbera nas ações de marketing das empresas. Afinal, a otimização dessas criações é realizada por essa área, que precisa também saber comunicar de forma empática. É um novo momento para a tecnologia, para a própria empatia — que nunca esteve tão presente, com tamanha consideração nas empresas — e para o marketing, que tem a oportunidade de criar ações pautadas em inovações que realmente impactam a vida das pessoas.

Imagem: Setiawanarief111 | Dreamstime.com

EMPATIA, CONEXÃO E TECNOLOGIA: OS NOVOS PILARES DO *BRAND EXPERIENCE*

"Não é sobre awareness, é sobre conexões. Marcas que constroem awareness só existem, marcas que constroem conexões pertencem." — Hood CX Agency.

De acordo com o livro *BRAND A–Z: An interactive dictionary of 1,000 essential brand terms* (2017) [MARCA A–Z: um dicionário interativo com mil termos essenciais de marca, escrito por Marty Neumeier, o conceito de *brand experience,* ou experiência de marca, pode ser resumido como todo tipo de interação que as pessoas têm com um produto, serviço ou empresa, sendo essa a matéria-prima de uma marca. Ainda em sua definição, ele declara que a experiência de uma marca se assemelha às experiências que você tem com as pessoas de sua vida. Assim como sua percepção de alguém é formada por toda interação direta ou indireta com essa pessoa, do mesmo modo é a sua percepção de uma marca.

Inseridos em um novo contexto de mundo, uma vez que a pandemia transformou o cenário econômico e de consumo, acelerando tendências de comportamento e mudando significativamente a maneira como vivemos, compramos e nos relacionamos. Em consequência, impossibilitados de nos encontrar fisicamente, deixamos de habitar os espaços de socialização e passamos a ficar mais tempo dentro de nossas casas. Essa ruptura vem transformando completamente o conceito de experiência, promovendo novos territórios de conexão entre marcas e consumidores, tanto na esfera individual e íntima quanto na coletiva e pública.

Como se daria, então, o futuro da experiência de marca perante o novo contexto de mundo? Segundo uma pesquisa realizada pela Hood Insights[55], (divisão da agência Hood que pertence à Flagcx), quatro dimensões que compõem a experiência vão ganhar uma nova luz daqui para a frente, as quais destaco na sequência.

Dimensão 1: Identidade — Autoconsciência

"Por escolha ou circunstâncias, as pessoas estão diminuindo o ritmo, olhando para dentro com o objetivo de encontrar significado e realização no cotidiano. Experiências vão desempenhar um papel transformador ao criar as ferramentas para nos reorientar em um mundo em constante mudança, fornecendo maneiras intuitivas de lidar com desafios pessoais." — Hood Insights, 2020.

De acordo com a Organização Mundial da Saúde (OMS), uma a cada quatro pessoas será afetada pelo transtorno de ansiedade em alguma fase da vida. Com a pandemia, a realidade piora: segundo outro estudo, este da Fiocruz, 54 por cento das pessoas notaram estar mais ansiosas e nervosas desde que o novo coronavírus chegou ao Brasil. Diante dessa constatação, é possível notar um crescimento na busca por práticas experienciais que

55. HOOD. "Como as marcas podem se conectar com suas comunidades e com a cultura de forma autêntica e relevante?". Disponível em: <www.hood.cx/insights>. Acesso em: 10 mai. 2021.

cultivem um melhor estado emocional, físico e espiritual. Prova disso é que os aplicativos de meditação e mindfulness (ou atenção plena) atingiram o recorde dos últimos 16 anos, segundo um levantamento do Google. Em relação a 2019, a pergunta "como fazer meditação para ansiedade" cresceu quatro mil por cento.

Uma nova cultura de consumo está emergindo, não é mais sobre *product only*, mas sobre geração de valor em uma economia experiencial. Marcas que desejem atuar nessa tendência precisam saber como entrar na vida das pessoas, empatizar para ajudar a aliviar a ansiedade e a tensão causada pela pandemia é uma das chaves.

Um dos principais players globais no segmento de serviços digitais de bem-estar, o aplicativo Calm já teve mais de 19 milhões de downloads e a empresa tem uma base de mais de três milhões de assinantes em 190 países, sendo o Brasil um dos mercados de maior crescimento para a empresa.

Calm

A Calm aposta em uma visão de ecossistema experiencial *phygital* (mistura de físico e digital). Parcerias neste sentido incluem um livro publicado com a editora Penguin Books e produtos relacionados a experiências de bem-estar, como cobertores, por exemplo. Uma oportunidade para as marcas que querem posicionar o bem-estar como parte de sua proposta de valor para seus consumidores.

APONTE A CÂMERA DO SEU CELULAR AQUI E ASSISTA AO VÍDEO ➤

Dimensão 2: Cultura — Identidade expandida

"Nessa era pandêmica, as pessoas estão buscando laços de empatia mais íntimos que trazem o senso do coletivo e unitário, ao mesmo tempo. Experiências vão levar em conta a lógica do risco benefício e contar com tecnologia para conectar as pessoas com seus grupos de interesses específicos."
— Hood Insights, 2020.

A inovação no *hometainment* (entretenimento doméstico) tem se tornado uma tendência crescente para gerar momentos de conexão e uma chave para se conectar positivamente com os consumidores.

O Euromonitor International, agência global de pesquisa, publicou um estudo recente com o tema *How Will Consumer Markets Evolve After Coronavirus?*[56], no qual destaca as tendências que devem impactar o comportamento do consumidor no cenário pós-pandemia, e entre elas está o *hometainment.*

A ascensão das lives confirmou essa tendência, mostrando que o poder da expressão humana e a espontaneidade ultrapassam o valor das superproduções. Em complementaridade, a versatilidade dos jogos trouxe mais pessoas para os ambientes virtuais cheios de surpresas experienciais e inusitados modelos de interações entre jogadores e marcas.

Ação da marca Trident na plataforma Cidade Alta RP

Um exemplo foi o Carnaval de 2021. Por conta da pandemia de covid-19, os eventos, desfiles e blocos de Carnaval foram

56. EUROMONITOR INTERNATIONAL. "How Will Consumer Markets Evolve After Coronavirus?". Disponível em: <www.go.euromonitor.com/white-paper-2020-covid-19-themes.html>. Acesso em: 10 mai. 2021.

suspensos. Antenada ao novo contexto, a marca Trident, que sempre esteve presente no Carnaval de rua, decidiu patrocinar a festa deste ano dentro da plataforma Cidade Alta RP, o maior servidor brasileiro de Grand Theft Auto (GTA). O evento virtual reuniu desfile do Monobloco, trio elétrico, abadás, e festa de abertura e encerramento. O desfile do Monobloco foi transmitido ao vivo também nas mídias sociais do bloco. Dessa forma, gamers e não gamers puderam curtir a festa ao mesmo tempo!

APONTE A CÂMERA DO SEU CELULAR AQUI E LEIA A MATÉRIA

Foto: reprodução/Cidade Alta RP

O *Live Marketing* amplificado por experiências digitais de marca veio para ficar!

Dimensão 3: Influência — Utopias possíveis

"A influência que impacta nossa sociedade se dará a partir dos compromissos reais que marcas e pessoas estabelecem ao deixar de lado o propósito do passado. Para criar influência em um novo mundo, marcas e pessoas vão precisar agir na

prática com as ferramentas que têm em mãos. O tempo de promessas e discursos sem repertório acabou."
— Hood Insight, 2020.

Marcas que criam valor e geram impacto já não são mais uma opção e sim uma obrigação para as empresas que desejam estar na lista das mais escolhidas pelos consumidores. De acordo com o *Barômetro Edelman Trust 2020*, 71 por cento dos consumidores globais disseram que perdem a confiança em uma marca para sempre, caso percebam que ela coloca o lucro acima das pessoas. Já no Brasil, segundo pesquisa realizada pela Accenture Strategy[57], ainda em 2019, 83 por cento dos consumidores brasileiros preferem comprar de empresas que defendem propósitos alinhados aos seus valores de vida. Esses consumidores dispensam as marcas que optam por se manter neutras.

E como o conceito de *brand experience* garante que a *experiência de marca se assemelhe às experiências que você tem com as pessoas*, os influenciadores não poderiam ficar fora dessa. Os famosos representantes de marcas que não tiverem repertório para além do consumo serão rapidamente "deletados".

Did they help?

Esse é o propósito da plataforma *Did they help*? (Eles ajudaram? em tradução livre), originária do Reino Unido, que rastreia empresas, marcas e figuras públicas, mostrando suas ações e o

APONTE A CÂMERA DO SEU CELULAR AQUI E ACESSE O SITE

57. ZARIFE, Fiamma. "A verdade das marcas". Disponível em: <www.meioemensagem.com.br/home/opiniao/2020/06/29/a-verdade-das-marcas.html>. Acesso em: 10 mai. 2021.

impacto gerado por elas durante a pandemia de covid-19.

É um controle social intenso! Para marcas e influenciadores atuarem nessa dimensão, faz-se necessário ter ações reais que justifiquem sua relevância no mundo.

Dimensão 4: Sensação — Transcendências sensoriais

"A exaustão das interações baseadas apenas em telas nos afastou dos outros sentidos, e acelerou a busca por ferramentas e artifícios sensoriais que humanizem e tragam conforto. Sinestesias são a chave para criar experiências marcantes e precisarão ser ressignificadas a partir da criação de novos rituais que estimulem os sentidos e criem surpresas."
— Hood Insights, 2020.

Com a Indústria 4.0, soluções de realidade aumentada, realidade virtual e demais tecnologias, como serviços por *streaming*, começam a, naturalmente, ser adotadas pelo setor cultural e industrial, que teve seus eventos afetados pelo distanciamento social. De acordo com a International Data Corporation (IDC), este mercado vai crescer para um CAGR (sigla em inglês para Taxa de Crescimento Anual Composta) de 54 por cento até 2024.

Em 2021, já vimos um show de tecnologia imersiva e *streaming* sendo utilizados principalmente nas convenções e megaeventos de grandes empresas que acontecem geralmente no início do ano. A tecnologia permitiu não apenas um número significativamente maior de participantes, como também surpreendeu mostrando que, sim, é possível vivenciar e experienciar conexões à distância.

Batizado de *Reboot 2020*[58], o evento promovido pela TM1, empresa brasileira de *brand experience* especializada na promoção de megaeventos, discutiu justamente o futuro do setor de experiências no pós-pandemia. Uma das discussões levantadas foi o futuro da tecnologia e a necessidade de promover o acesso a ela. Segundo a TM1, eventos feitos por empresas de *brand experience* geralmente levam semanas para serem produzidos e custam alguns milhões às marcas. No novo modelo, fazer um evento de qualidade e criar uma verdadeira experiência para a marca não será mais um privilégio das megaempresas.

Por outro lado, ainda que pareça paradoxal, o estudo *2021 Global Marketing Trends: Find Your Focus*[59], da consultoria Deloitte, demonstrou que a tecnologia ainda não pode compensar completamente as interações interpessoais.

Netflix, Festival Tudum

Entendendo essa afirmação, a Netflix Brasil precisou adaptar o *Festival Tudum*, que reúne estrelas de séries em conversas sobre entretenimento, para o universo virtual investindo em uma comunicação bem próxima e divertida.

APONTE A CÂMERA DO SEU CELULAR AQUI E ACESSE O SITE

58. TUCCI, Amanda. "Evento discute o setor de brand experience no pós-pandemia". Disponível em: <www.forbes.com.br/colunas/2020/04/evento-discute-o-setor--de-brand-experience-no-pos-pandemia>. Acesso em: 10 mai. 2021.

59. DELOITTE. "2021 Global Marketing Trends: Find Your Focus". Disponível em: <www2.deloitte.com/content/dam/insights/us/articles/6963_global-marketing--trends/DI_2021-Global-Marketing-Trends_US.pdf>. Acesso em: 10 mai. 2021.

Fato é que a pandemia acelerou uma série de novos processos e transformou comportamentos. Por isso, as expectativas em torno das marcas agora são outras, fazendo com que ações de *brand experience* não só envolvam a venda de produtos e serviços, como também o fortalecimento de propósitos e do senso de comunidade para gerar valor. Trabalhar aspectos como a identidade visual e o conceito de marca já não são suficientes, é preciso elevar a oferta a uma *experiência empática e customizada* às novas necessidades dos consumidores em cada etapa da sua jornada.

Por fim, o que podemos concluir é que o tão praticado *brand experience* foi ressignificado ao novo mundo *phygital* onde as conexões não desaparecem, mas passam a existir em salas menores, com mais privacidade, intimidade e empatia, numa perfeita sintonia entre o real e o virtual.

O PENSAMENTO DIGITAL NA ERA DA EMPATIA

Capítulo 6

Imagem: Onyxprj | Dreamstime.com

REDES SOCIAIS:
UMA APOSTA PARA O BEM

"A vida é a arte do encontro", já cantava o poeta Vinícius de Moraes. Nossa sobrevivência em sociedade é totalmente sustentada pela presença dos vínculos, pois a dimensão social não é apenas consequência de aspectos ambientais, mas inerente à natureza humana.

Partindo do conceito de rede social como a representação de um conjunto de participantes independentes que se associam por meio de ideias, valores e interesses comuns[60], podemos concluir que as redes virtuais abrem caminhos para ampliarmos os relacionamentos. Há vinte anos, quando junto aos meus sócios idealizamos o site ParPerfeito, nosso objetivo era fazer uso da tecnologia para aproximar pessoas e criar conexões. A plataforma foi uma das primeiras do país focada em gerar encontros, o que, na época, foi uma disrupção, tanto tecnológica quanto temática.

Mas preciso contar para você: em meu papel de *"cupido virtual"*, ainda não se usava assistentes virtuais; presenciei muita gente que encontrou um grande amor; vi amizades

60. MARTELETO, Regina Maria. Análise de redes sociais: aplicação nos estudos de transferência da informação. Ciência da Informação. Brasília, v.30, n.1, p. 71-81, Instituto Brasileiro de Informação em Ciência e Tecnologia, 2001.

sendo construídas; e ainda tive o privilégio de proporcionar a redução da fobia social de alguns que ingressavam na plataforma com esse intuito. Agora eu pergunto: *o que importa realmente?*

Com toda a certeza, o que vale de fato são as experiências vividas e o que fazemos com elas. Pois, como seres humanos, somos capazes de escolher os próprios rumos de nossas vidas, de definir o que nos faz bem e se queremos fazer o bem. Recentemente, a Netflix nos trouxe duas instigantes reflexões sobre como nos relacionamos nas redes sociais e quais são os impactos das conexões que mantemos.

Netflix, Social Dilemma

The Social Dilemma (ou *O Dilema das Redes,* em português) é um documentário com especialistas em tecnologia e renomados profissionais da área, que fazem um alerta sobre os impactos devastadores das redes sociais no âmbito da democracia e para a humanidade em geral.

APONTE A CÂMERA DO SEU CELULAR AQUI E VEJA O DOCUMENTÁRIO

A produção revela o modelo de negócios das mídias digitais, apontando como as marcas lucram e conduzem as pessoas como "produtos". As maiores dificuldades aparecem nas relações de dependência e na manipulação. Os algoritmos das maiores redes — Instagram, Facebook e Twitter — entregam, além de outras informações, conteúdos de interesse de cada usuário, por meio dos dados que têm acesso. Desse modo, é possível oferecer publicidade direcionada para aumentar a rentabilidade.

"As redes sociais funcionam como caça-níqueis de cassino. Todo o design é feito para te viciar", explica Tristan Harris, responsável por narrar o documentário. O objetivo é, de fato, manter o usuário o maior tempo possível on-line. Esse é o chamado "engajamento". Quanto mais tempo exposto, mais anúncios personalizados e maiores são as possibilidades de lucro dentro das plataformas.

Esse viés de construção de um estigma social fundamentado nos famosos algoritmos, que direcionam entregas publicitárias cada vez mais precisas e personalizadas, por um lado podem trazer uma perspectiva de manipulação invasiva inconsciente, mas por outro também podem, quando bem-intencionadas, ajudar na melhor experiência das pessoas que usam as redes.

Netflix, Emily in Paris

Para essa reflexão, não poderia deixar de trazer o exemplo da série *Emily in Paris*, um dos mais recentes sucessos da Netflix, lançado em outubro de 2020, e que já conquistou mais de um milhão de seguidores em sua conta oficial no Instagram.

APONTE A CÂMERA DO SEU CELULAR AQUI E VEJA A SÉRIE

A série trata de uma jovem de Chicago, Emily Cooper (protagonista interpretada pela jovem atriz Lily Collins), que vai ocupar uma vaga profissional destinada à sua chefe em uma agência de marketing e relações públicas de marcas de luxo em Paris. Como diferencial, Emily traz no currículo suas habilidades em marketing digital e um olhar otimista sobre a importância das conexões nas redes sociais para o fortalecimento de marcas à luz de um novo contexto de mundo, mais interativo, horizontal e autêntico.

Emily, apesar de não ter a idade declarada na série, no atitudinal claramente é pertencente à Gen Z (jovens abaixo dos 25 anos), sempre com seu telefone a postos para fotografar os momentos relevantes e postar em suas próprias redes ou na de seus clientes. Comportamento típico dessa geração de nativos digitais que enxergam nas redes um mundo de possibilidades para novas conexões, oportunidades e soluções de problemas.

Desse mindset, nasce a "original" ideia da protagonista de criar uma *collab* — novo termo utilizado no marketing para falar sobre "colaboração", ou seja, quando marcas, pessoas, artistas ou empresas colaboram uma com a outra no intuito de ampliar ou fidelizar consumidores — para uma marca da agência que se viu no momento de rejuvenescer seu público.

Voltando ao ParPerfeito, lá nos anos 2000, fizemos muitas *collab*s com joalherias, para anunciar alianças no Dia dos Namorados; com floriculturas, que desenvolviam produtos exclusivos; e marcas de chocolates, que ofertavam preços especiais aos usuários no momento certo da jornada. Tudo isso programado para uma entrega publicitária personalizada e precisa, a partir de uma lógica de interações entre perfis e cruzamento de dados em tempo real.

Os algoritmos já existiam desde aquela época com uma única diferença: a meu ver, estavam sendo empaticamente usados para o bem! Afinal, que mal tinha em estimular o usuário a enviar flores ou chocolates para aquela pessoa que ele estava tentando conquistar, ainda que fosse via plataforma digital, e do outro lado da mesa, como fundadora do site, lucrar com isso?

Esse questionamento não é sobre polianismo! É sobre acreditar que, como empreendedores digitais e líderes de marcas, podemos e devemos usar as redes sociais para impulsionar o bem; o que se traduz, a meu ver, no uso da tecnologia para conhecer melhor o consumidor, entender as "dores" da sua jornada por meio das interações e assim oferecer conteúdo, serviços e produtos relevantes que atendam genuinamente às necessidades dele e, se possível, o surpreenda. Afinal, *esse é o papel do marketing em sua essência!*

E a nossa missão como profissionais da área é a de fazer uso das redes sociais como um exercício de práticas empáticas, relevantes e construtivas.

Imagem: Natalia Nesterenko | Dreamstime.com

NATIVOS DIGITAIS:
O IMPACTO DA PANDEMIA NA GERAÇÃO DA INSTANTANEIDADE

A geração Z, ou simplesmente Gen Z, nascida a partir de meados dos anos 1990, a sucessora dos millennials, já representa mais de trinta por cento da população mundial. São aproximadamente 2,47 bilhões de jovens conectados, que há tempos demonstram uma visão de mundo e um comportamento de consumo distinto das demais gerações. Entender esta geração, indo além dos estereótipos clássicos de nativos digitais multiplataformas, é uma questão chave para os profissionais de marketing que atuam com o segmento que regerá o futuro das nações.

Para começar, a pesquisa *Barômetro Kantar Covid-19*[61] revela que o principal desejo da população dessa faixa etária é ver atitude e proatividade para um mundo melhor. Eles são *inclusivos* e abominam qualquer tipo de *discriminação*. Conscientes de sua responsabilidade social e ambiental, essa geração traz à consciência coletiva a empatia como "marca registrada".

E o que buscam esses jovens quando o assunto é comportamento e consumo, em um mundo afetado pela contaminação do novo coronavírus? A geração Z quer começar do zero, esse

61. "Estudos Covid-19". Disponível em: <www.kantaribopemedia.com/estudos-type/covid-19>. Acesso em: 10 mai. 2021.

é o desejo dos jovens de até 25 anos: *reconstruir a sociedade*! Altamente motivados e cheios de recursos, eles estão refazendo as instituições da sociedade e repensando as normas sociais, segundo o relatório *Culture Next*[62], focado no comportamento de consumo e na atitude social dessa geração, divulgado pela plataforma de *streaming* de músicas Spotify.

PUCRS, Estudo Jovens Quarentenados

Fonte: Estudo Jovens Quarentenados, PUCRS

APONTE A CÂMERA DO SEU CELULAR AQUI E ACESSE O SITE

62. "Conheça a geração que trabalha para reconstruir a sociedade". Disponível em: <www.ads.spotify.com/pt-BR/culture-next/the-2020-report>. Acesso em: 10 mai. 2021.

É fato que a pandemia impulsionou comportamentos emergentes entre esses jovens. O surgimento de novas plataformas on-line, acompanhado das redes "queridinhas" da geração, ganharam uma dimensão inovadora para atender as necessidades deste público, então privado pelo contexto de isolamento social.

O TikTok segue no ranking dos mais acessados. Durante a quarentena a plataforma funcionou como um "lugar de alívio" e "combate ao tédio" para sua comunidade, pois por meio de milhares de expressões pessoais publicadas diariamente por intermédio de vídeos e memes, a rede social converteu a expressão pessoal em uma comunidade empática, onde é possível ver como outras pessoas estão vivendo e superando a quarentena.

Embora desenvolvido para os negócios, o Zoom, serviço de conferência remota, colaborou significativamente com os jovens da Gen Z. Rapidamente a plataforma se transformou em um ambiente para sediar aniversários, mas também foi muito utilizada para encontros de jovens empreendedores, sem falar que foi a sede de muitas aulas universitárias.

"Na verdade, as plataformas tecnológicas não apenas oferecem a oportunidade de descobrir, mas também permitem que a geração Z colabore, crie e compartilhe, venda e promova seu trabalho de forma independente." — Relatório Culture Next.

Enquanto isso, o Houseparty, aplicativo lançado em 2016, saltou da posição 304 no ranking na App Store da Apple para o primeiro lugar. De um aplicativo de rede social descontraído para conversar com os amigos, a plataforma se tornou um "salva-vidas" para quem está preso em ambientes fechados por causa da pandemia, declarou Sima Sistani, cofundadora do aplicativo. Adquirido pela Epic Games, dona do blockbuster

Fortnite, a nova integração com o aplicativo Houseparty traz uma tecnologia inovadora na qual o usuário pode conversar por vídeo com amigos enquanto busca uma difícil Vitória Royale.

E por que isso se torna tão atraente para essa geração?

Integração Fortnite & Houseparty

Os jogos também têm sido o abrigo para os "*quarenteners*". Diferente do que pensam outras gerações, os jogos são sobre construir comunidades e amizades, e por que não para fazer festas também? Isso explica o sucesso da integração Fortnite & Houseparty! A construção de um modelo híbrido e integrativo de entretenimento de ***eSports*** se estabelece abrindo oportunidades para as marcas se conectarem e engajarem com esses jovens.

APONTE A CÂMERA DO SEU CELULAR AQUI E ASSISTA AO VÍDEO

Em se tratando de marcas, quais são as expectativas dessa geração e quais as marcas mais se conectam com ela?

Segundo a pesquisa *Barômetro Kantar Covid-19*, quando o assunto é consumo, 48 por cento dos jovens dessa geração acreditam que as marcas precisam servir de exemplo e guiar uma mudança mundial positiva; e 35 por cento esperam que essas empresas usem o conhecimento para explicar e informar seus consumidores. Assim, as marcas que desejem construir relacionamento com os consumidores da Gen Z precisam *transmitir confiança e transparência*, e o momento é agora!

Essa expectativa não é de fato uma novidade, entretanto, se esses jovens já selecionavam e consideravam marcas que têm consciência coletiva e responsabilidade social e ambiental, agora, com a pandemia, mais do que nunca o que eles querem ver é essa atitude na prática. Afinal, eles esperam que as empresas e marcas que consomem ajudem a sociedade a passar por tudo isso, construindo um mundo melhor e mais igualitário para todos!

As marcas que têm criado empatia com os consumidores são as que possuem posicionamentos claros e atitudes socialmente responsáveis. Essas são ações necessárias para se conectar com o coração dessa geração. A Gen Z declara, inclusive, estar disposta a pagar mais caro por produtos *eco-friendly* e sustentáveis.

Entretanto, é importante lembrar que as marcas devem ser genuínas ao adotar causas e de fato praticar aquilo que defendem em toda sua cadeia, do desenvolvimento à produção. Caso contrário, além de serem desconsideradas por eles, podem cair na "boca" dos microinfluenciadores, porta-vozes ativos da nova geração.

Segundo a rede social francesa Yubo, as marcas esportivas são as preferidas da geração Z[63]. Foi o que concluiu uma pesquisa que envolveu trezentos mil usuários no Brasil, que adicionaram tags mostrando seus interesses nos perfis. A campeã de preferência é a Nike, seguida pela Adidas.

---

63. "Estudo da Yubo mostra que a Nike é a preferida da geração Z". Disponível em: <www.propmark.com.br/mercado/estudo-da-yubo-mostra-que-a-nike-e-a-preferida-da-geracao-z>. Acesso em: 10 mai. 2021.

Em 2020 a Vivendi Brand Marketing divulgou o estudo *GEN Z & Entertainment*[64], que revelou, entre tantas informações importantes, que a autenticidade está na lista de preferências para a escolha das marcas, e que 61 por cento desse público prefere que as marcas apresentem pessoas reais em seus anúncios versus 39 por cento que preferem que as campanhas sejam estreladas por celebridades.

Samsung, Absurdamente Galaxy

A Samsung lançou a campanha global *Absurdamente Galaxy*, focada na Gen Z, para contar sobre os lançamentos de seus smartphones — o aparelho preferido desta geração —, com trilha composta pelo DJ e produtor Pedro Sampaio, pois era preciso contar com uma personalidade que tivesse a voz dessa geração e pudesse dialogar diretamente com ela.

APONTE A CÂMERA DO SEU CELULAR AQUI E ASSISTA AO VÍDEO

A campanha ganhou versões divertidas, feitas por *influencers* da Gen Z.

64. "Vivendi unveils extensive report on generation Z and the way they are shaping the entertainment business". Disponível em: <www.vivendi.com/en/press-release/vivendi-unveils-extensive-report-on-generation-z-and-the-way-they-are-shaping-the-entertainment-business>. Acesso em: 10 mai. 2021.

Telekom Eletronic Beats

Vale muito a pena conferir também a Telekom Electronic Beats[65], uma plataforma de música eletrônica criada especialmente para essa geração, que nos revela peculiaridades incríveis. O site faz uma leitura muito precisa de como se constrói o relacionamento com essa geração e o vídeo oficial nos convida a uma comunicação autêntica e transparente.

APONTE A CÂMERA DO SEU CELULAR AQUI E ASSISTA AO VÍDEO

A Yahoo! também compreendeu a importância de criar um conteúdo focado nessa geração. No final do ano passado, a empresa apresentou o canal *Geração Z*[66], com um compilado de conteúdos que interessam a esse público. São textos, áudios e vídeos sobre moda, sustentabilidade, consumo consciente, beleza natural, ativismo e muito mais.

---

65. Telekom Electronic Beats. Disponível em: <www.electronicbeats.net>. Acesso em: 10 mai. 2021.

66. "Geração Z - Moda, comportamento e ativismo digital". Disponível em: <www.br.yahoo.com/topics/geracao-z>. Acesso em: 10 mai. 2021.

Forest

Por fim, é importante mencionar que a Gen Z também se sente ansiosa! Esses jovens não têm problema nenhum em falar sobre o tema. Entretanto, por estarem sempre conectados e trazerem consigo uma visão idealista e sem filtros do mundo, esse estado toma uma dimensão ainda maior. Para aliviar a tensão, eles procuram momentos imersivos que capturem toda sua atenção. Não à toa, os apps de meditação, cresceram significativamente na quarentena. Em um intervalo de menos de quatro meses, o Forest, por exemplo, saiu do décimo terceiro lugar da lista dos top apps pagos da App Store para a segunda colocação.

APONTE A CÂMERA DO SEU CELULAR AQUI E ACESSE O SITE

As marcas que entenderem o delicado equilíbrio entre o real e o digital como registro dessa geração serão capazes de empatizar e assim criar conexões genuínas e experiências relevantes para esses jovens. Afinal, o que faz sentido para eles é agir no coletivo, de forma inclusiva, transparente e empática, se enxergando e se colocando no lugar do outro. Uma visão de mundo colaborativa, na qual o *estar junto* é muito mais valioso do que o *poder de consumir*.

Esse é o mundo em que todos queremos viver! Que venha a Gen Z nos ajudar a construir, nem que tenhamos que começar do zero!

Imagem: Juliatimchenko | Dreamstime.com

EMPATIA OU ALGORITMO: UM OLHAR QUESTIONADOR SOBRE AS AÇÕES DE MARKETING DIGITAL

Imersos em um novo mundo em que o digital passou a ser o principal meio de conexão entre as empresas e os consumidores, devemos nos questionar: *como criar diálogos e canais cada vez mais empáticos?*

De acordo com o estudo publicado pela The CMO Survey[67], no cenário de pandemia de covid-19, 85 por cento dos profissionais de marketing relatam uma maior abertura entre os clientes para suas ofertas digitais e 84 por cento valorizam mais as experiências digitais do que antes da pandemia. Sim, o mundo mudou! Ou melhor, acelerou! A transformação digital, ensaiada por muitas empresas, teve que se concretizar. De uma forma ou de outra, diante das tentativas de acertos e erros, não tem mais volta. É necessário evoluir!

Diante deste novo mundo, precisamos refletir sobre o *papel da empatia* nas relações digitais que se estabelecem. É praticamente impossível caminhar sem a observação sobre como a pandemia afetou diretamente o relacionamento das

67. MOORMAN, Christine. "Covid Drives Digital as Marketers Pivot into Stronger and Leaner Roles". Disponível em: <www.cmosurvey.org/covid-drives-digital-as-marketers-pivot-into-stronger-and-leaner-roles>. Acesso em: 10 mai. 2021.

empresas com os seus consumidores e os papéis desses novos ambientes digitais perante a nova realidade.

A Universidade Duke, dos Estados Unidos, publicou um estudo[68] sobre líderes de marketing em empresas americanas com fins lucrativos, no qual evidencia que os CMOs estão ajustando suas ofertas e dinamizando seus negócios para atender a novas expectativas e oportunidades, e que cerca de sessenta por cento deles indicam que transferiram seus recursos para fortalecer e construir interfaces digitais focadas nos clientes e 56 por cento transformaram seus modelos de negócios *go-to-market* para novas ofertas.

Mas o que todo esse movimento nos mostra? Se antes as ações de marketing digital eram criadas e direcionadas a partir de avaliações baseadas em algoritmos que tentavam predizer o comportamento e o hábito das pessoas, como Analytics, AdSense, SEO, SEM, CRM, Big Data, entre outras, hoje em um mundo acelerado pela digitalização é preciso ir além.

É certo que os algoritmos promovem hipóteses a partir da constatação de padrões, mas é a *sensibilidade humana* na interpretação dos dados que direciona o desenvolvimento de ações capazes de fortalecer propósitos, impulsionar conteúdos relevantes e promover a abordagem interativa, cuidadosa e individualizada. Em outras palavras, reitero que a empatia é uma característica fundamental que precisa ser aplicada a todos os contextos de negócios, em especial aos que fazem uso de estratégias digitais, afinal, somos os mesmos seres humanos, independentemente do canal de compras que utilizamos.

Entretanto, vivenciamos em um passado recente ações catastróficas de marketing digital que fizeram uso dos

---

68. DUKE/FUQUA. "CMO Survey: Marketers turn to digital, social to retain customers". Disponível em: <www.fuqua.duke.edu/duke-fuqua-insights/cmo-survey-marketers-turn-digital-social-retain-customers>. Acesso em: 10 mai. 2021.

algoritmos e dialogaram de maneira oposta ao momento que se apresentava. Quem não se recorda do caso do aumento substancial no preço das camisetas do Chapecoense em um dos maiores sites de artigos esportivos, após o trágico acidente aéreo que vitimou membros do time e da imprensa, e também da campanha publicitária de uma empresa de cosméticos, durante a crise do rompimento acidental da barragem de Brumadinho, em Minas Gerais? Um erro clássico do uso do algoritmo sem a interpretação humana!

Magazine Luiza, Lu

Na corrente oposta, aplaudimos a evolução da Lu, a influenciadora digital 3D da rede varejista Magazine Luiza. A personagem nasceu em 2003 com o nome de Tia Luiza e seu propósito era humanizar a experiência de compra no *e-commerce*, época em que as pessoas tinham medo de comprar com cartão de crédito na internet. Em 2009, a personagem assumiu as redes sociais da marca e ganhou o apelido de "Lu", momento em que a influência virtual começou a crescer exponencialmente a partir da humanização da personagem. Vale lembrar um momento clássico que marcou a história do marketing digital como o post sensível e humanizado da Lu na Copa do Mundo de Futebol Feminino de 2019.

APONTE A CÂMERA DO SEU CELULAR AQUI E VEJA A IMAGEM ➤

Conheça a história do botão de denúncia da Magalu contra a violência doméstica, Forbes Brasil

E sua história não parou por aí: atualmente com cinco milhões de seguidores no Instagram, a *influencer* virtual está à frente de causas sociais, com uma placa em mãos na qual se lê: "Ei, moça! Finja que vai fazer compra no app Magalu. Lá tem um botão para denunciar a violência contra a mulher.

APONTE A CÂMERA DO SEU CELULAR AQUI E ASSISTA AO VÍDEO:

Em novembro de 2020, a empresa registrou 260 por cento de aumento em vendas no app, além de ser uma das marcas mais bem avaliadas durante a pandemia. O segredo da Magalu? Humanização da tecnologia! A partir de *machine learning*, o *chatbot* aprende, humaniza e empatiza com seus seguidores. Essa é a combinação perfeita entre algoritmos e sensibilidade humana na construção de narrativas digitais!

Sob uma outra perspectiva, o iFood surpreendeu no uso de algoritmos para gerar relevância em tempo "mais do que real". Até 2018, a empresa focada em análise de dados e performance digital, conseguiu extrapolar as redes e realizar ações de conteúdo com uma velocidade fenomenal, integrando os diferentes meios de comunicação.

A empresa criou um dos primeiros merchandisings na transmissão ao vivo do futebol, no qual o influenciador Cartolouco segurou um cartaz de torcida com um cupom do iFood para o narrador Luís Roberto, que apareceu depois com o pedido feito, mostrando as sacolinhas do iFood. Essa ação ganhou o prêmio Effie Awards Brasil 2020, na categoria Media Content Partnership [69].

Outro case emblemático nessa temática foi a Netflix. Durante o confinamento, a demanda por entretenimento on-line aumentou significativamente e a empresa teve que dar um grande impulso para se adequar.

Netflix, The Old Guard

As produções originais ganharam cada vez mais adeptos e foi uma das mais importantes frentes de crescimento. Ao perceber a grande paralisação de produções do cinema e da televisão, a empresa despontou em produções próprias convencendo os investidores da importância dessa ação na plataforma. Para se ter uma ideia, segundo a Netflix, cerca de 78 milhões de famílias assistiram a *The Old Guard*, produção própria, nas primeiras quatro semanas de lançamento[70].

APONTE A CÂMERA DO SEU CELULAR AQUI E VEJA O FILME

69. EFFIE AWARDS BRASIL. Disponível em: <www.effie.com.br/cases-vencedores/2020/performance-do-digital-pra-globo-1842>. Acesso em: 10 mai. 2021.

70. ÉPOCA NEGÓCIOS. "Netflix na pandemia: 5 maneiras como o serviço de streaming mudou com a covid-19". Disponível em: <www.epocanegocios.globo.com/Empresa/noticia/2020/10/netflix-na-pandemia-5-maneiras-como-o-servico-de-streaming-mudou-com-covid-19.html>. Acesso em: 10 mai. 2021.

E nada mais será como antes...

Falar de transformação digital já não cabe mais, pois a pandemia vem nos ensinando a sobreviver digitalmente. O que fará a diferença será humanizar essa transformação, unindo tecnologia e empatia na criação de ações digitais.

Por isso, se eu puder dar uma dica para as marcas e empresas, diria para seguirem desenvolvendo as habilidades analíticas, mas reservarem um bom espaço também para entender de comportamento e empatia. Logo não veremos mais a definição de marketing digital, mas sim um marketing humanizado que fará uso da melhor combinação dos dados e meios.

DESIGN THINKING, O MODELO MENTAL PARA EMPATIZAR

Capítulo 7

Imagem: Igor Zubkov | Dreamstime.com

DESIGN THINKING: EMPATIA PARA TODXS

O tempo e o mundo estão se movendo muito rapidamente. Há, simultaneamente, por mais contraditório que isso seja, uma real paralisia dos consumidores em relação às suas escolhas. Afinal, estamos sobrecarregados com a quantidade de informações que recebemos minuto a minuto e com as inúmeras decisões que tomamos todos os dias.

Estamos em uma era de mudança exponencial acelerada, e aquela maneira tradicional de as empresas irem até o consumidor para ouvir o que ele tem a dizer, voltar para as "quatro paredes" da corporação, reagir a isso e entregar algo a ele alguns meses depois, já deixou de ser relevante.

Antes era possível tentar prever o comportamento por meio de pesquisas e variáveis controláveis, e esse conhecimento impulsionava a inovação e a melhoria incremental, o que era ótimo.

Exceto que o mundo mudou!

Do mesmo modo, o *Design Thinking* está evoluindo à medida que o método de entrega de produtos e serviços avança também.

Entender o *Design Thinking* sob o contexto da época em que estamos inseridos e o novo papel do consumidor na construção da inovação é que se faz necessário.

O *Design Thinking* clássico era sobre ouvir, observar, incorporar o próprio designer à equipe para pesquisar, conversar e voltar com todas as anotações e inovações que seriam possíveis fazer para facilitar a vida das pessoas. Agora, o prazo para pensar e propor mudanças ficou compactado e a capacidade de obter alguma informação do consumidor via métodos tradicionais e a quantidade de tempo em que essa informação ainda é relevante, encolheram na mesma proporção.

O fato é que os avanços gerados pela inovação e pela tecnologia estão cada vez mais rápidos e essa velocidade avassaladora está mudando a forma de tudo o que fazemos — e o coração disso é a digitalização.

Um exemplo material dessa transformação radical é termos à mão em nosso smartphone objetos úteis que costumávamos chamar de discos, mapas, livros, carteiras, jornais e até dinheiro; enfim, tudo o que era um produto físico e palpável, mas que agora se digitalizou.

Isso nos dá uma enorme possibilidade de acessar nossos clientes e envolvê-los como *prosumers* — consumidores que procuram todas as informações sobre um produto e serviço, e, depois de uma avaliação criteriosa, compartilham a sua opinião com milhares de seguidores na internet. Porém, isso significa que o nosso pensamento também tem de ser muito mais ágil, coletivo e proativo!

Estamos falando, essencialmente, da construção de comunidades, mas é igualmente desafiador porque continuamos sem poder nos aproximar das pessoas por causa da pandemia. Para suprir essa necessidade, vontade ou carência, temos a digitalização como nossa ferramenta "salvadora".

As pessoas foram convidadas a aprender e trabalhar remotamente, o que significou que o mundo inteiro se viu forçado a se tornar digital. Assim, de repente, o que era feito desde sempre de forma presencial, precisou migrar para o on-line. A partir daí, ficou muito mais difícil prevermos o futuro.

Nesse sentido, se tornou essencial o estabelecimento de um propósito que construa confiança, trace um alinhamento comum e permita inovar, mesmo sem tanta clareza nas variáveis, em um horizonte não linear.

Uma estratégia totalmente diferente de inovação

Se as máquinas evoluíram a ponto de detectarem os movimentos dos olhos e tiques comportamentais, analisarem informações e estoques e predizerem dez vezes mais rápido que o cérebro humano, então nós estamos aqui para realizar o *Design Thinking* progressivo e sermos os criadores — aqueles que fazem as conexões inesperadas, uma vez que até hoje nenhum algoritmo foi capaz de se igualar à nossa capacidade cerebral criativa.

Nesse contexto, o *Design Thinking* pode ser considerado mais importante do que jamais foi, porque no centro desse processo estamos falando de pessoas. Mas, em vez de capturar as reações do consumidor e fazer a entrega de forma controlada ao cliente final, o grande diferencial ficou a cargo da velocidade para construir e endereçar esses "entregáveis".

Chegamos ao estágio em que estamos quase prontos para a prototipagem rápida e, por que não, para pivotar se for preciso, encontrar oportunidades adjacentes e envolver os *prosumers* em todo o processo de inovação.

Esse é o pensamento avançado do *Design Thinking*: a mudança de um comportamento do consumidor reativo para um consumidor proativo passa a delinear uma nova forma de construir a estratégia de inovação de uma empresa.

Para trazer esse novo pensamento do *Design Thinking* à prática, a designer e estrategista de inovação Sally Dominguez fala sobre o conceito de *"Adventurous Thinking Mindset"* (Mentalidade do pensamento aventureiro, em tradução livre), cuja premissa é colocar a pessoa em uma área de desconforto suportável, empurrando e provocando esse indivíduo em direção à possibilidade imaginativa de pensar soluções usando lentes diversas.

Uma delas é a lente que lida com a empatia, a qual Dominguez denomina "*sideways*". É sobre compreender primeiro a si mesmo(a) e os próprios preconceitos para, a partir daí, ser capaz de empatizar com quem está à sua volta.

De forma pragmática, quantas vezes nós, na posição de líderes, já reprovamos uma ideia ou inovação com base apenas nos nossos pensamentos e preconceitos?

Se a sua resposta for "sim, já", que ótimo, pois isso acontece com todos nós!

O exercício da empatia começa aí e, de agora em diante, quando uma nova ideia for apresentada, tente, antes de reagir a ela, observar se você está colocando o consumidor ou a si mesmo no centro!

DICAS PARA COMEÇAR A PRATICAR A EMPATIA

Dica 1: conheça a si mesmo

Para começar a praticar, é importante saber como você entende a si mesmo e, acima de tudo, como você vê a vida. É um otimista? Enxerga o copo meio cheio?

Se você é assim, precisa estar ciente disso, porque colocará esse filtro em tudo o que fizer. Saber disso é fundamental porque suas expectativas podem não estar de acordo com a realidade. Olhando pelo lado positivo, você pode estar ajudando a levantar seus colegas de equipe e essa atitude tem uma influência bastante favorável, em todos os sentidos.

Talvez você seja daqueles mais pragmáticos, com um olhar mais cético, e essa característica possibilita que você faça críticas construtivas realmente boas, que os otimistas, às vezes, não enxergam.

O mais importante neste exercício é ter ciência do filtro que está colocado em todas as suas reflexões e pensamentos.

Quando compreendemos as complexidades da maneira como pensamos, nos tornamos pensadores melhores.

Dica 2: mais perguntas, menos respostas

Também precisamos saber se, como líderes, gostamos mais de perguntar ou de responder. Essa é uma reflexão fundamental para o exercício da empatia.

Na verdade, toda a prática da inovação tem a ver com a capacidade de entendermos que tudo deve ser uma pergunta, afinal, como já disse W. Edwards Deming, acadêmico e um dos precursores do conceito de evolução na qualidade das organizações, "se você não sabe como fazer a pergunta certa, você não descobrirá nada".

Para ajudar nessa prática, sempre faça três perguntas antes de recusar uma ideia ou inovação: *Por quê? E se? Como poderíamos?* Ainda assim, se você não conseguir tirar o filtro pessoal, questione: *Não é interessante?*

A curiosidade é a base da aprendizagem e de uma cultura de inovação!

Dica 3: esteja atento à autocensura

O próximo passo é compreender e assumir o que você não gosta — e essa é a parte mais difícil, confesso.

Isso significa que um monte de coisas que não combinam com você, desde o filtro estético até uma proposta, se você não gosta, fique sabendo, nunca vão funcionar na solução de um projeto.

Assim, uma vez que você esteja ciente do que não gosta, você pode então trazer deliberadamente esse conhecimento e considerá-lo como uma opção.

Lembre-se: cuidado com a autocensura!

Dica 4: escute a sua equipe

Algumas profissões tendem a combinar melhor com pessoas introvertidas, e outras, com as extrovertidas. O fato é que não é preciso ser extrovertido para se tornar um líder. O mais importante nisso tudo é garantir que os introvertidos sejam ouvidos. Susan Cain, autora do livro *O Poder dos Quietos* (2019), aborda a diferença entre esses dois tipos de personalidade e explica por que essa categorização é importante.

No mundo corporativo, algumas práticas comuns, como o brainstorming, tendem a favorecer os extrovertidos. Nas sessões, eles são bastante comunicativos, se expressam com facilidade e tendem a se destacar no grupo.

Mas, mesmo que a sessão de "geração de ideias" tenha chegado ao fim, não significa que ela terminou. Para os introvertidos, foram introduzidos inputs e agora eles precisam de um tempo para refletir e ter insights. Eles precisam se sentar em um lugar tranquilo e pensar sobre isso. Dentro de 24 horas, eles podem voltar com uma solução espetacular que nenhum dos extrovertidos pensou.

Ouvir é, portanto, a chave não só da liderança, como também da inclusão.

A hora e a vez das comunidades e dos prosumers

Se o *Design Thinking* começou, essencialmente, em 1978, e de lá para cá muita coisa mudou, o que continua é a necessidade de termos empatia em todos os níveis de uma organização, o que talvez possa parecer tão trivial que não precisaria ser dito. Do mesmo modo, a empatia pode ser vista como um conceito óbvio que tampouco seria necessário em uma estratégia chamada *Design Thinking*.

Entretanto, particularmente nas grandes empresas, a empatia foi claramente deixada de lado e as necessidades de focar no consumidor não estavam sendo abordadas por meio do *Design Thinking*.

Chegamos agora a um ponto em que não se trata apenas deste produto ou daquela marca. Estamos falando de comunidades, nas quais os *prosumers* participam ativamente do processo de criação dos serviços ou produtos que uma organização desenvolve e, por meio das redes sociais, influenciam o comportamento de consumo de milhares de pessoas diante de um novo lançamento, reforçando ou não a reputação de uma marca.

Identificar quem são os *prosumers* de sua marca, empatizar e, por consequência, engajá-los para colaborar com a sua equipe é o novo modelo de inovação e o pensamento avançado da aplicação do *Design Thinking*.

Imagem: Olga Kurbatova | Dreamstime.com

O PODER TRANSFORMADOR DAS EMBALAGENS EMPÁTICAS

Você já se sentiu atraído por um produto ao ver sua embalagem? Quantas vezes você escolheu entre um item ou outro por conta daquela embalagem que chamou a sua atenção? A embalagem é um ambiente de experiência e tem um papel fundamental na relação com o consumidor, que busca cada vez mais por marcas que tenham um propósito bem desenhado e comunicado.

Segundo a Associação Brasileira de Embalagens (ABRE), mais de sessenta por cento dos consumidores brasileiros acreditam que a embalagem é mais importante do que a própria marca. Com investimentos em tecnologia, design, sustentabilidade e novos materiais, o mercado de embalagens inteligentes está começando a dar os primeiros passos e esta é uma grande oportunidade para exercitar a empatia de forma muito genuína.

Um bom exemplo desse movimento está na acessibilidade, que vem sendo inserida nas embalagens como um item essencial. Já não é difícil encontrar produtos que facilitam a vida do público na maturidade (com mais de sessenta anos), como a Amend Cosméticos, que possui uma linha de xampus de alta qualidade específica para cabelos grisalhos[71]. O design da embalagem recebeu atenção especial para uma comunicação efetiva com o público idoso.

E quando percebemos o grande avanço em relação ao público com deficiência visual, entendemos o potencial que uma embalagem possui. No Brasil, segundo dados do Instituto Brasileiro de Geografia e Estatística (IBGE), são mais de 6,5 milhões de portadores de deficiências visuais.

Marcas como a Colorado, fabricante de cervejas, se movimentam em prol dessa realidade. A empresa criou uma campanha completa inserindo inscrições em braile e rótulos especiais[72] e foi também fazer "barulho" nas redes sociais com a #PraCegoVer, que permite que o conteúdo seja reproduzido em aplicativos de audiodescrição. Assim todo mundo consegue ouvir o post!

Editora FTD Educação, Cultivando Leitores

Iniciativas de embalagens totalmente empáticas também percorrem outros universos, como o projeto *Cultivando Leitores,* da editora FTD Educação, com o propósito de despertar em crianças e jovens o interesse pela leitura. Ao adotar o projeto, as escolas recebem uma caixa com itens variados. Após a retirada do

APONTE A CÂMERA DO SEU CELULAR AQUI E ASSISTA AO VÍDEO

71. "Matização: Assuma o cabelo branco e grisalho e saiba como mantê-lo cuidado e brilhante". Disponível em: <www.blog.amend.com.br/matizacao-assuma-o-cabelo-branco-e-grisalho-e-saiba-como-mante-lo-cuidado-e-brilhante>. Acesso em: 10 mai. 2021.

72. "Cervejaria Colorado tem rótulos em braile". Disponível em: <www.etiquetas.com.br/cervejaria-colorado-rotulos-em-braile>. Acesso em: 10 mai. 2021.

picote e a colagem de uma folha de seda incluída no kit, a embalagem se transforma em um teatro de sombras, para ser trabalhado de forma interativa nas salas de aula. Um case de aproveitamento de embalagens de forma educativa.

YVY, materiais de limpeza em cápsulas

E o que falar da empatia traduzida em embalagem pela inovadora YVY, empresa brasileira de materiais de limpeza? A marca oferece produtos para compras recorrentes, por assinatura com vendas on-line, e as embalagens em pet são o tema central da solução. As cápsulas, com formulações naturais concentradas, são encaixadas pelo consumidor no recipiente borrifador reutilizável, no qual a fórmula é diluída.

APONTE A CÂMERA DO SEU CELULAR AQUI E ASSISTA AO VÍDEO

Com isso, elimina-se o volume que seria ocupado pela água, que chega a noventa por cento na composição dos produtos tradicionais. A inovação permite uma grande economia na fabricação e menor impacto ambiental. E a empresa ainda reutiliza as cápsulas dos produtos, recolhendo as embalagens de forma facilitada, por meio do serviço de assinatura on-line. Assim a YVY dá o "pulo do gato" na empatia, traduzindo as necessidades dos consumidores e do planeta.

A convergência entre empatia e embalagem abre possibilidades de novos olhares sob a ótica de como as empresas se relacionam com os consumidores. É notável o crescimento que ainda se pode alcançar nesse quesito, e eu acredito muito que nos próximos anos seremos surpreendidos por embalagens cada vez mais empáticas, o que causará uma grande mudança e um grande impacto na forma como as marcas irão se posicionar em seus mercados, diante dos consumidores.

Vale lembrar que estamos lidando com seres humanos e não com dados. Portanto, entender as necessidades não atendidas dos consumidores é papel da inovação e do design. Afinal, como marca, você não pode ser o que não é percebido por eles.

Imagem: Kit8.net | shutterstock.com

EMPATIA E TECNOLOGIA DE MÃOS DADAS PARA CRIAR EMBALAGENS INTELIGENTES

A embalagem é uma forma de expressão da marca e tem papel fundamental na criação da identidade. Ela é o principal "ponto de encontro" com o consumidor e, por isso, é um fator decisivo na hora da compra. Acredite: quanto mais empática for uma embalagem, maior será sua representatividade.

Mas o que faz uma embalagem ter toda essa força? Para essa reflexão, cabe muito bem pensarmos sobre como as relações de consumo têm evoluído. Isso porque hoje o consumidor se movimenta muito alinhado aos meios que têm à disposição. Não adianta apenas querer vender um produto interessante. É imprescindível gerar envolvimento com o público, e a embalagem cria essa possibilidade por meio da experiência que oferece.

É nesse momento que entra em cena a empatia como alicerce para a criação de embalagens cada vez mais inteligentes e tecnológicas. Aliás, você sabe o que é uma embalagem inteligente? De forma sucinta, embalagens inteligentes são aquelas que possuem tecnologias (ou nanotecnologias), que interagem com os consumidores, podendo comunicar alterações de temperatura, dados sobre qualidade etc. Assim, o consumidor ganha maior segurança e não precisa confiar apenas no prazo de validade ou no visual do produto.

Silo, sistema à vácuo para conservar alimentos

No Brasil esse tipo de embalagem ainda não é produzido em larga escala, mas nos Estados Unidos e no Japão as embalagens inteligentes ganham cada vez mais espaço. Um case é a Silo, que surgiu para ser uma alternativa ao desperdício de comida. Designada como uma "embalagem futurista", a solução usa um sistema a vácuo para armazenar os alimentos e, conectado com a Alexa, assistente virtual da Amazon, transmite estimativas de quanto tempo a comida pode durar antes de estragar.

APONTE A CÂMERA DO SEU CELULAR AQUI E ASSISTA AO VÍDEO

Uma grande facilidade interligada a um exercício de empatia por parte de seus criadores, pois se trata de um gadget que atua na necessidade real dos consumidores, que muitas vezes esquecem a comida dentro da geladeira e só se dão conta quando o alimento já está estragado. Notem que a Silo resolve o problema do usuário se colocando no lugar dele.

NO.CO, Cosmopack Factory 2019

Outro exemplo significativo nessa esfera da criação de embalagens inteligentes é a Asquan, fabricante de cosméticos com representatividade global, ganhadora da Cosmopack Awards — premiação da Cosmopack, feira de negócios dedicada à cadeia produtiva de cosméticos, que aconteceu em 2019 na Itália. A empresa desenvolveu um microchip para embalagens de cosméticos que pode ser lido por qualquer smartphone. No celular, o consumidor tem acesso a diversas informações relevantes sobre os produtos, como vídeo institucional, instruções de uso, dados sobre a matéria-prima utilizada na fabricação etc.

APONTE A CÂMERA DO SEU CELULAR AQUI E ASSISTA AO VÍDEO

Novamente a empatia se une à tecnologia para o desenvolvimento de uma embalagem totalmente alinhada às necessidades dos consumidores, pois é fato que hoje as pessoas buscam conexões mais aprofundadas com os produtos que consomem. Elas buscam a identificação direta de seus valores com seus itens de consumo. Isso é evolução, um caminho sem volta e cheio de empatia!

Reciclapac, parceria com SENAI Nacional

E é claro que o mundo da inovação não ficaria para trás na estruturação das embalagens inteligentes. Já ouviu falar da Reciclapac? É uma startup brasileira especializada no desenvolvimento de tecnologia de embalagens. A empresa cria embalagens inteligentes por meio da gestão, com uma plataforma de software que utiliza tecnologia de IoT (Internet das Coisas, em português). Mas a grande sacada é que a empresa consegue transformar embalagens tradicionais em inteligentes, ativas e conectadas com os consumidores.

APONTE A CÂMERA DO SEU CELULAR AQUI E ASSISTA AO VÍDEO

É muito interessante como essa startup caminha para o entendimento das necessidades da indústria que fabrica soluções e, muitas vezes, não possui recursos disponíveis, tanto investimento quanto inteligência e estrutura, para o desenvolvimento de embalagens inteligentes.

Pura empatia, não é?

Imagem: Yupiramos Group | Dreamstime.com

EMPATIA E *DESIGN THINKING* NA CONSTRUÇÃO DE UM NOVO MARKETING

O *Design Thinking* é uma abordagem estratégica que ajuda a tirar qualquer projeto do papel! Oferece uma abordagem humana e corporativa, que consolida a mudança de mindset e do plano de ação. Isto é, unifica o pensamento corporativo com o pensamento criativo.

E o que isso tem a ver com a empatia? Tudo! Simplesmente porque o primeiro, e principal, pilar da aplicação desse conceito é a empatia, que se apresenta sob um viés central e estratégico para se colocar em prática quando o objetivo é ter resultados realmente precisos.

The Strategy Group, estudo de caso sobre Design Thinking

O ato de "pensar como designer" nesse contexto se expressa na junção de sensibilidade, métodos que atendam às necessidades dos consumidores — e aqui entra a empatia — e do que é possível realizar tecnologicamente. De forma bem objetiva, pode-se dizer que

APONTE A CÂMERA DO SEU CELULAR AQUI E ASSISTA AO VÍDEO

Design Thinking é um conjunto de fatores (métodos e técnicas) organizados em um processo baseado na empatia.

A empatia faz parte da aplicação porque é preciso entender a questão, observar, pesquisar, experimentar, vivenciar de fato o universo do ponto de vista do usuário e seus contextos. Muitas marcas dizem "clientes em primeiro lugar", mas poucas vivem isso de fato. E é por isso que a empatia é parte fundamental do *Design Thinking*.

As marcas que evoluíram nessa implantação são focadas em criar o máximo de valor para os consumidores, identificando suas "dores" e procurando maneiras de resolver e agregar. O foco é o processo do design, a lógica projetual. Por isso, o *Design Thinking* é utilizado para criar soluções (produtos e/ou serviços) que os consumidores vão adorar.

Prof. Stefan Thomke, estudo de caso sobre a Apple

Entre as empresas que melhor utilizam o conceito está a Apple, como mostra o estudo de caso apresentado por Stefan Thomke, professor de administração da Harvard Business School. E os resultados dessa utilização são percebidos no alcance de valor imediato para a marca. Todas as soluções da marca foram desenvolvidas com foco nas pessoas, experimentando a empatia para desenhar desde a concepção das máquinas até a tecnologia a ser utilizada.

APONTE A CÂMERA DO SEU CELULAR AQUI E ASSISTA AO VÍDEO

Volkswagen, Olhos na estrada

Outro case nesse contexto é a Volkswagen. Foi inesquecível e histórica a campanha *Olhos na estrada*, que demonstrou o grande impacto de quem dirige e usa o celular ao mesmo tempo. Naquele momento, as pessoas ainda não estavam cientes dos perigos da falta de atenção ao volante. A imagem e a atmosfera do vídeo criado pela empresa foram importantes para levantar essa bandeira em prol da segurança. A partir daí, muitas empresas seguiram na mesma direção da conscientização.

APONTE A CÂMERA DO SEU CELULAR AQUI E ASSISTA AO VÍDEO

Volkswagen, Quicar

A Volkswagen ainda deu passos significativos na empatia utilizando o *Design Thinking* como centro. A empresa criou, há alguns anos, o Quicar, um clube de carros compartilhados que atende a uma grande variedade de necessidades dos clientes na Europa, incluindo estudantes, empresas e famílias. O diferencial ainda é oferecer às pessoas a liberdade de utilizações mais longas de veículos.

APONTE A CÂMERA DO SEU CELULAR AQUI E ASSISTA AO VÍDEO

Tintas Suvinil, Nós somos a nova Suvinil

Uma marca que passou recentemente por uma transformação totalmente empática, também baseada na aplicação do *Design Thinking*, foi a Suvinil. A empresa modificou toda a forma de se comunicar com o consumidor, reformulou o site, criou novos canais e está investindo no desenvolvimento de soluções, não só de produtos.

APONTE A CÂMERA DO SEU CELULAR AQUI E ASSISTA AO VÍDEO

Atualmente a Suvinil oferece a parede pintada e não só a tinta. Disponibilizando também fontes reais de inspiração e tendências. E acredite: é muito simples e funcional o atendimento prestado pela empresa. Esse movimento se estende a muitas outras marcas que entenderam o quanto é empático caminhar em ações colaborativas. Afinal, o consumidor quer, na verdade, o resultado. Para isso acontecer é preciso se comunicar bem com toda a cadeia envolvida no processo.

Apresento ainda outro paradigma da utilização do *Design Thinking* com a Intuit, uma plataforma global de soluções para gestão financeira. A sua forma de conduzir e expandir o negócio é um case mundial de empatia. A empresa foi considerada uma das cem melhores para se trabalhar, segundo a *Fortune*, e está ainda no ranking da *People Magazine* de "empresas que se importam" e da *Forbes* entre os "melhores empregadores para a diversidade".

São mais de 19 mil colaboradores espalhados por todo o mundo, sendo 19 estações em nove países. O diferencial mais empático da Intuit é focar seus esforços em oferecer inovação de valor aos clientes e também aos colaboradores. A empresa tem um EVP (*employer value proposition* ou proposta de valor ao empregado, em tradução livre) que tem como base a prosperidade de cada funcionário.

Quickbooks

Todas as suas soluções foram criadas com base na experiência do consumidor e muitas chegaram por meio de startups aceleradas. A QuickBooks, por exemplo, é uma dessas soluções que oferece conteúdo e gestão para empresários. A plataforma gera relatórios de desempenho, orçamentos, gráficos e muito mais.

APONTE A CÂMERA DO SEU CELULAR AQUI E ASSISTA AO VÍDEO

Todos esses cases e essa movimentação nos faz pensar o quanto o mundo está mudando e como é necessário acompanhá-lo. E nos traz ainda a reflexão sobre a importância da empatia nessa nova construção. Olhar para o consumidor já não basta, o fundamental agora é vivenciar. Se fazer presente, experimentar aquilo que as pessoas buscam, para daí sim partir para o desenvolvimento de soluções. Não se vende mais nada. Hoje caminhamos para atender necessidades.

CONCLUSÃO
O PODER DA TRÍADE HUMANIZAÇÃO, EMPATIA E MARKETING

Escrever sobre empatia é dissertar sobre relações humanas e como entendemos, nos envolvemos e nos comunicamos com o outro. Na roda da inovação, a empatia se apresenta como a força motriz das novas organizações. Nada é mais decisivo, especialmente agora, do que a prática dessa habilidade essencial para sobrevivermos ou não como profissionais de marketing no mundo contemporâneo. É uma oportunidade desafiadora quando se trata de sair de nós mesmos e construir uma narrativa com base nas experiências e nos valores do outro. É o fim do "eu" protagonista. Chegou, enfim, a vez do "outro".

Os textos que você acabou de ler refletem sobre a importância da tríade humanização, empatia e marketing, abordando temas como comportamento, mudanças e diferenciais do marketing humanizado, e posicionando o ser humano no centro da tomada de decisões das empresas. Sinal dos tempos, a digitalização das relações gerou uma nova demanda às marcas: incluir a empatia em suas ações nos ambientes virtuais. Afinal, como foi demonstrado nas páginas anteriores, a empatia é a inovação necessária para o marketing, o caminho que todos nós, profissionais da área, buscamos. Mais do que isso, é um dos principais meios de nos conectarmos com o outro, e essa conexão é o porquê de estarmos aqui; aquilo que dá sentido às nossas vidas.

O livro foi dividido em sete grandes blocos que vão construindo esse lugar aonde queremos chegar. No primeiro capítulo, procurei mostrar como gerar uma conexão genuína com os consumidores, em resposta a uma questão que está transformando o marketing. Precisamos encontrar formas de acessar melhor esse consumidor, de aproximar o diálogo. A solução existe: conseguimos fazer isso com conexão e empatia. Na mesma linha de pensamento, podemos nos conectar e empatizar com propósito e humanização. Agora sabemos que a empatia é uma habilidade que permite levar à humanização. E a chave para tomar decisões centradas no ser humano.

Se eu tivesse que escolher um segmento geracional para humanizar o marketing, certamente seria o público com mais de 60 anos. É minha paixão pessoal, conforme acompanhamos no segundo capítulo. A mensagem que busquei transmitir é sobre a importância de conhecermos mais de perto essa geração, combatermos o etarismo (preconceito, intolerância e discriminação contra pessoas com idade avançada) para assim sermos capazes de empatizar nas diversas esferas, da comunicação ao mercado de trabalho.

A união de respeito, diversidade e empatia como peças fundamentais no novo marketing foi o foco do terceiro bloco. O momento atual mostra-se demasiado fértil, uma vez que estamos diante de um cenário totalmente transformador, que se configura em uma oportunidade única para endereçarmos e avançarmos nessas questões tão urgentes da sociedade brasileira. Do mesmo modo, o capítulo seguinte trata dos líderes empáticos e do quão necessários são nas organizações para que sua equipe tenha um relacionamento de cooperação e compreensão mútua e, ao mesmo tempo, possa se conectar com os consumidores diversos e oferecer soluções cada vez mais empáticas.

No bloco que coloca a tecnologia e a empatia como o par perfeito, a convergência entre ambas se revela profundamente benéfica quando a primeira está a serviço da segunda. Aprendemos neste livro que, em plena "Era da Assistência", a tecnologia humanizada precisa ser considerada uma ferramenta para a inovação dentro do novo marketing. No capítulo imediatamente posterior, o pensamento digital surge como parte desse mundo pós-pandêmico porque atualmente os consumidores — e toda a humanidade — são digitais.

No bloco derradeiro, o *Design Thinking* é conduzido ao posto de processo essencial que ajuda a dar um grande passo nesse processo imersivo em direção à criação da empatia. Essa abordagem nasce do conceito de desenhar algo com o outro, sendo ele o usuário, considerando o contexto dele. O método preconiza que é preciso quebrar preconceitos individuais para empatizar com seus públicos-alvo. Desta forma, é possível conhecer melhor o que pensam, sentem e vivenciam a audiência e os tomadores de decisão.

Ao fim, compreendemos que a empatia é a própria chave da humanização. E que não há outro caminho a não ser a capacidade de se colocar no lugar do outro. Podemos dizer que a empatia é a tão almejada fórmula de prosperidade: aquele resultado que você causou no outro faz com que você se sinta bem e tenha vontade de fazer sempre mais. Afinal, como escreveu Cora Coralina, "**nada do que vivemos tem sentido, se não tocarmos o coração das pessoas**".